アカウンタビリティから経営倫理へ

経済を超えるために

Kokubu Katsuhiko
國部克彦——著

有斐閣

はしがき

経済をいかに制御するか。これは、二一世紀を生きる人類に課せられた最大のテーマである。経済格差の拡大、金融システムの不安定化、巨額の財政赤字はもとより、地球環境破壊や政情不安に起因する難民問題も広義の経済問題である。しかも、近年顕著に見られる先進国におけるナショナリズムの台頭やイスラム諸国を中心とする原理主義的宗教勢力の拡張も、行きすぎたグローバル経済の重大な負の遺産である。人類は、経済の発展によって大きな恩恵を受けた半面、これまで想定していなかったさまざまな問題に直面せざるをえなくなっている。

これらの問題は一国内で片づくようなものではなく、すべてグローバルなレベルで対処されなければならない。これは、経済がグローバルに拡張してしまったことの当然の帰結である。しかし、われわれは国家を超えるグローバルな統治機構を十分に構築しえておらず、当然その対策は対症療法的な域を出ない。そのようにして手を拱いているうちに、経済は自己運動を繰り返し、人間には制御できないシステムとなって、地球全体を覆ってしまい、すでに恩恵以上の問題を引き起こしている面も否定できない。

しかも、経済が引き起こす問題は上述のような外面的なものだけではない。むしろ、顕在化しているのは、いわば「症状」に過ぎず、経済システムの内面で進行する「疾患」にこそ目を向ける必要がある。

それは、経済による人間の肉体的かつ精神的支配の進行である。経済は本来人間が生活を維持するための手段であった。しかし、手段であった経済が目的と化すと、主客はたちまち逆転し、そこに深刻な問題が生じることになる。過労による自殺のような悲劇まで持ち出さなくても、日常生活を覆う閉塞感や圧迫感は経済システムによる日常生活の支配と密接に関係している。しかも、このシステムは巧妙な管理の装置を社会に張り巡らすことで、多くの人間に気づかれることなく、むしろ人間が進んでその方向性を強化するように仕向けて、支配を浸透させていくのである。

では、どのような解決策があるのか。この難問に直ちに解答を与えることは困難であるが、一つだけ確かなことは、経済が引き起こした問題は、いくら経済政策を弄しても決して根本的な解決には至らないということである。経済政策による経済問題の解決は、対症療法としての効果はあるかもしれないが、結果的には経済システムの力を強めて、さらに新たな問題を生起させてしまう。したがって、われわれは経済とは異なる方法で、経済に対処しなければならない。宗教的原理主義はその一つの対抗手段ではあるが、経済と宗教を二者択一で論じるようなやり方は、これまでの人類の発展を無視する暴挙ともみなされよう。

重要なことは、経済と併存しつつ、経済とは違う方法で、問題を解決する手段を求めることである。そのような手段は、経済というシステムに対抗しうる制度性を備えていなければ効果がない。そのためにはパラダイムを転換させる必要がある。現在が「経済の時代」であるならば、それを「人間の時代」に転換させなければならない。正確に言えば、人類が誕生して以来「人間の時代」が続いてきたのであるが、それがいつの間にか経済に乗っ取られて「経済の時代」と化してしまっている現状を、元に戻す必要がある。

本書はこのような難問に、会計の立場からアプローチするものである。本来、経済計算の手段に過ぎない会計には、このような世紀の難問に対応する力などないように思われるかもしれない。しかし、会計が、経済実践に形式を与える制度でありながら、経済とは異なるロジックを持つとすれば、そこに一つの光を見いだすことができる。本書が目指す「経済の時代」から「人間の時代」への転換とは、「経済」を「人間」に置き換えることではなく、「経済」の中に「経済人」（ホモエコノミクス）ではない「人間」（ホモサピエンス）の場所を確保することである。そのためには抽象的な経済に現実的な形式を与えている会計を変えることで、その新しい空間を生み出すことが可能になるかもしれないのである。

しかし、現在の会計学の理論をいくら研究しても、このような新しい会計を生み出すような理論は十分ではない。それどころか「会計学の経済学化」が進んでしまっている。それ自体は一概に批判されるべきことではないが、経済とは本質的に異なる実践である会計が、経済学に塗りつぶされてしまうことは、人類にとって不幸である。そこで本書は、会計が持つ根源的な役割を回復させるために、経済学に対抗する理論的基礎を哲学に求めて会計学を再構築し、あわせて実践への展望を開きたいと考えている。

そこで鍵を握る概念が「アカウンタビリティ」である。経済が世界に拡散し、地球を覆うといっても、経済行為には常に対象があり、それを担う人間が存在する。たとえコンピュータに売り買いを任せていても、最後に責任をとることは人間にしかできない。その責任を規定する概念がアカウンタビリティである。経済は人間の自由な選択行為によって形成されているのではなく、アカウンタビリティの組織化によって制御されているのである。これは、経済行為の中心である企業の行動を具体的に考えてみれば、よく理解できることであろう。企業は人間の責任のもとで動いている。人間の日々の行動についても、それが経済学の教える選択の連鎖ではないことは、誰でも実感できるはずである。したがって、経済の問題に具体的に切り込むためには、それを現実離れした選択の問題として解こうとするのではなく、現実に機能しているアカウンタビリティの問題として捉えるべきなのである。

現行のアカウンタビリティの最大の問題点は、その範囲が有限であることにある。このことによって人間の責任は限定され、特定の個人は免責されるが、その一方で誰も責任を負わない領野が拡大することになる。その顕在化が冒頭に示したグローバルな問題群なのである。したがって、有限のアカウンタビリティの限界を解除することが必要になる。そのためには何らかの指針が求められるが、その指針が再び管理システムとして人間を拘束してはならない。この条件を満たす指針が倫理ということになる。ビジネスの世界では「経営倫理」と呼んでよいであろう。したがって、経済社会に張り巡らされた有限のアカウンタビリティを無限の世界に解放し、経営倫理を新たな準拠枠として設定すること、そしてそれを実践として持続させる制度を考案すること、これが本書の目的である。

このような壮大な課題に、本書のような小著で対応できるのかと疑問に思われるかもしれない。もちろん、すべてを論じ切ることは不可能であるが、そのための方向性を示すことを第一の目的として本書は執筆されている。幸いなことに、われわれが目指すべき方向性にはすでに多くの実践が存在している。

これらを経済学とは異なる理論的根拠から体系化し，実践を自律的に展開可能にする制度設計までを考えていくことにしたい。そのために本書は特に理論面に力を入れて執筆している。なぜなら，新たな実践を生み出すには，それを支える思考枠組みが必要であり，その思考枠組みを共有し持続させるメカニズムこそ，理論にほかならないからである。本書が基礎を置く理論は，公共性・責任・正義をめぐる哲学である。これらの哲学は，経済学的な思考枠組みに対抗してそれを乗り越えることのできる，体系性と理論性を備えている。それを，経済やビジネスの世界でも実際に応用可能なところまで展開することで，新たな展望を開きたいと考えている。

なお，本書の哲学的基礎について付言しておけば，全体のモチーフとなっている哲学者はアーレントとデリダである。アーレントについては公共性の哲学として，デリダについては主体の哲学として依拠しているが，この両者は意外なほど近接している。アーレントは公共性の根拠は人間の複数性にあると主張し，デリダはその人間が主体として構成される根拠を正義や責任に求めるのである。そして，両者と関連する形で，レヴィナス，ウィトゲンシュタイン，ムフなども登場する。このような存在と責任にかかわる哲学的思考の起源にはカントが存在しており，本書の議論もカント倫理学に収束していく。このように本書では多様な哲学者に依拠して論じているように見えるが，その底流にある思考は共通している。それは，経済人仮説に依拠する経済学が看過してきた人間の根源に対する問いと，それに対する規範的な返答である。

本書は，専門家や学生はもとより，経済の第一線で活躍する方々も念頭にして執筆されている。理論的な問題を扱う以上、ある程度の専門的な議論は必要になるが、社会を変えるためには専門家以外の方にも読んでもらわなければならない。本書は、経済やビジネスに関する一般的な知識があれば十分に読み通せるように構成されている。また、哲学者の名前が次々に出てきて、不慣れな人は面食らうかもしれないが、引用されている理論は、一部の専門論文を除いて、いずれも著名なものばかりで、原理さえ理解すればそれほど難解なものではない。

各章は単独でも読むことはできるが、本書は理論展開の順序が重要であるため、第1章から順番に読んでいただくことを希望する。第1章と第2章は本書の理論的基礎を議論し、第3章と第4章で実践へ展開する方向性を検討する。第1章はアーレントの公共性理論、第2章はデリダの正義と責任の理論を導きの糸として、会計やアカウンタビリティに対する新しい解釈と革新の方向性を議論する。第3章ではこの新しい理論を実践に導入するための方法として複数評価原理の会計という構想を提案する。第4章ではその新しい方法を導入するために企業を社会に開く理論と方法を議論する。結論となる第5章では実践指針としての経営倫理の意義を検討する。本書は、思考の外形を示すことを主眼としているため、結論が重要なのではなく、結論に至るプロセスが一番重要である。外形が整えば次は中身の問題になるので、その中身について議論することが筆者の今後の課題となる。なお、その一つの方向性は、本書脱稿後に執筆した國部（2017b）に示している。

本書は、巻末の参考文献リストに記載した國部（2014；2015b；2016a；2016b）をもとにしながら、原形をとどめぬほどの大幅な加筆修正を施して再構成したものである。第5章をはじめ、書き下ろした章や節も多いので、既発表論文とは別の論考である。内容の一部に関しては、二〇一四年度日本会計研究学会全国大会（横浜国立大学）の統一論題や二〇一六年度環境経営学会秋季研究報告大会（関西学院大学）の基調講演などで報告した。また、日本公認会計士協会近畿会、グローバル・コンパクト・ネットワーク・ジャパン関西分科会のような専門家や実務家を対象とする講演会でも、内容の一部を話す機会に恵まれた。神戸ＣＳＲ研究会（大阪、東京）でも報告し、ディスカッションから貴重な示唆を得た。本書で参照した文献の著者の方々も含めて、これまでにいただいた多くのご教示やご支援に深く感謝の意を表したい。

出版にあたっては、神戸大学大学院経営学研究科博士課程後期課程の増子和起氏と阿部健人氏の協力を得た。また、有斐閣の得地道代さんには『計算と経営実践』に引き続いてお世話になった。得地さんの緻密な編集作業のお陰で本書の内容は大いに改善された。あわせてお礼申し上げたい。

二〇一七年十一月一日

國部克彦

付記　本書は、ＪＳＰＳ科研費 JP16H03679，および、（独）環境再生保全機構の環境研究総合推進費（S-16）の成果の一部である。

目次

第1章 会計と公共性

これから私がやろうとしているのは、私たちの最も新しい経験と最も現代的な不安を背景にして、人間の条件を再検討することである。

——ハンナ・アーレント『人間の条件』[1]

1 「経済の時代」から「人間の時代」へ

二〇世紀を「経済の時代」と称することに反対する人は少ないであろう。一八世紀末から一九世紀にかけて成立した産業資本は、二〇世紀初頭にアメリカにおいて近代的な大企業システムとして生まれ変わり、生産力を格段に増して経済の発展を牽引した。世界の国々は、二つの大きな戦争を経ながら、二〇世紀を通じて飛躍的な経済成長を遂げてきた。それに呼応して国家財政および金融資本も拡大・膨張し、すでに経済は国民経済の枠組みをはるかに超えて、グローバル経済として地球全体を飲み込んでしまったかのようである。

しかし、二一世紀に入り（実際には二〇世紀から）、あまりにも強大になりすぎた経済に対して、多くの重大な問題が顕在化するに至っている。経済発展に伴う個人および地域間の貧富の差の拡大、資源の過剰消費や環境汚染による地球環境問題の深刻化、飽和状態の金融市場におけるクラッシュの危険性の高まりなど、いずれも深刻な様相を示すだけでなく、一国では対処することができない重大な問題である。頻発するテロリズムの問題も、当然のことながら、経済偏重による格差の拡大と西欧的価値観の押し付けに対する抗議を背景とする世界的な文脈の中で生まれてきた。しかも、グローバル化した経済の弊害は、アメリカやイギリスのような世界で最も民主的とみなされてきた国家にも、中産階層の相対的な没落によってボディブローのように響き、二〇一六年六月のイギリスのEU離脱という投票結果や、一七年一月の極端な保護主義と排他的なアメリカ中心主義を訴えるドナルド・トランプのアメリカ大統領就任のような、既存の政治枠組みでは想定外の事態に直面するに至っている。

さらに、一党独裁型の政治体制の国家の台頭や、表面的には民主的な選挙制度を整えながら、実際には独裁に近い体制を敷く国家の存在も、国際的な秩序形成に大きな影響を与えている。これは、一義的には政治の問題であるが、経済的権益の拡張を独裁型政治体制の国家が支援する形態となっており、民主的政体を維持する国家ではそれに十分に対抗できない構図が、世界的な問題を一層複雑にしている。そのような国々を非民主的と批判するのは容易であるが、世界経済を動かす大企業はすべて非民主的な組織体であり、非民主的な国家がそれを後押しすることは、特定の個人への権限の集中を加速させるという意味で、世界的なリスクをさらに高めてしまうことになる。本書は、政治の民主化までを議論の射程にするものではないが、経済の民主化と政治の民主化は実は表裏一体の課題であり、どちらか一方だけを解決することはもはや不可能な状況となっている。

これらの難問を一挙に解決する夢のような方法は存在しないが、世界における共通の課題として認識されていることは、二〇一五年九月に国連において、貧困の撲滅や人権の尊重さらには地球環境保護等を目指した「持続可能な開発目標」(Sustainable Development Goals, ＳＤＧｓ)が採択されたことや、二〇一六年一一月に気候変動枠組み条約「パリ協定」が発効したことなどからも明らかである。つまり、人類は経済成長以外の目標を掲げなければならないという共通の認識が世界的に広がっているのである。ＳＤＧｓにしても、「パリ協定」にしても、行きすぎた経済活動の制御が中心的な課題となっており、そこには、ここまで経済が肥大化してしまったことに対する反省が体現されている。一方で最近、先進国で台頭が著しい保護主義やナショナリズムの動きは、このような国際的な動向に逆行するものであるかのように見えるが、実はこれらの動きもグローバル化した経済に対する抵抗という面では、共通しているのである。しかし、手法の違いが悲劇を生み出す危険性があることを、われわれは過去の歴史から学ばなければならない。

したがって、二〇世紀が「経済の時代」であったのなら、二一世紀は経済を克服して「人間の時代」へ回帰しなければならないという主張には多くの人が賛成するであろう。貧困問題にしても、環境問題にしても、人間が他者や自然に配慮する精神を基礎としなければ、究極的な解決には到達しえないからである。これはまさに倫理の問題である。しかし、「経済の時代」から「人間の時代」へ回帰することは、言葉で表現するほど簡単なことではない。なぜなら、経済は、現代社会の最も基礎的なシステムであり、そのシステムに規定された人間の日常的な経済生活がこれらの問題を生み出しているからである。それゆえ、「経済の時代」から「人間の時代」に回帰するためには、システムの変更が必要になる。

かつては、このようなシステムの変更は革命によって達成されると主張され、それは一部の国家や地域で現実のものとなった。しかし、二一世紀の現在では、二〇世紀の壮大な失敗の経験から、少なくとも社会主義革命のような選択肢は存在していない。一方、二一世紀でも、極端な保護主義やナショナリズムを主張する勢力は新たな「革命」を目指しているかもしれないが、それは二〇世紀前半への先祖返りの思考であり、最終的に世界恐慌から第二次世界大戦へと帰結した悲劇を忘れてはならない。したがって、われわれが目指すべきことは、社会主義や過度な保護主義のような過激な政策ではなく、現実の経済活動の内側から変革の道を見つけることである。そのためには、経済システムの中に、経済から影響を受けない場を創り出し、そこから問題解決の糸口を見つけることが求められる。そのようなことが実際に可能なのか、可能性があるとすればそれはどこにあるのか、これが本書を通じてわれわれが追求する問題である。

なお本書で言う「人間の時代」とは、すべての人間が尊重されて、生き生きと輝くというようなナイーブなことを想定しているわけでは決してない。そのようなことは政治的なスローガンとしては意味があるかもしれないが、それでは世界の本質に迫れない。われわれが構想する「人間の時代」とは、もともと「人間の時代」をずっと生きてきた人類にとって、その行動様式の基準が大幅に経済の方向に振れてしまったことが原因で多くの諸問題が発生しているため、その準拠点を再び人間のほうに戻すということにほかならない。そのことによって、現代の難問が一挙に解決される保証はないが、解決のための方向性を思考することは可能となろう。本書はこの点をできる限り理論的に検討し、それに基づいていくつかの実践的指針を提示することを目的としている。

われわれは、この目的に対して会計の立場からアプローチする。経済中心から人間中心への思考様式の転換、さらに経済格差、地球環境破壊、金融危機等の難問に対して、「単なる計算手段に過ぎない」会計に何ができるのかと思われるかもしれない。たしかに、会計ができることは大変限られている。上述の難問は、いずれも会計を変えたくらいで簡単に解決できるような問題ではないように見える。しかし、会計を経済活動という実質に形式を与える仕組みと捉えれば、そして、形式とは実質の写像ではなく、形式こそが実質として機能する側面を注視すれば、会計が経済に与える影響は決して小さくない。それどころか、むしろ会計は経済活動の最も基本的な規定要因として理解されるべきなのである。経済は現象としては経済学のように抽象的に思考できるが、現実の社会は、「価値」ではなく「価格」、「利潤」ではなく「利益」で動いている。「価格」も「利益」も会計計算なくして現実化することはできない。

経済という抽象思考は、実際にはさまざまな会計計算によって支えられている。それは、数値の記録、集計、計算、伝達、解釈のすべてを含み、それを支える紙、鉛筆、コンピュータ、ソフトウェア等を含む集合体として理解することができる。これらの計算のための装置は、それに対する人間の認知枠組みも含めて、それぞれ固有のメカニズムを持って現実に作用するので、その計算プロセスは決して中立的なものではない。むしろ、種々の計算装置の固有の論理が、結果に対して能動的に影響を及ぼす複合的な現象なのである。[2] 経済は会計を通じてしか認識できないとすれば、会計と経済の関係はまさに形式と実質の関係でもあり、この問題は古くから認識されてきた。

たとえば、ゲーテは、自身の伝記とも言われる『ヴィルヘルム・マイスターの修業時代』において、登場人物を通じて、会計の基礎にある複式簿記について、複式簿記は人間精神の最も立派な発明の一つと称賛し、複式簿記によって、「整理されて明瞭になっていれば、倹約したりも儲けたりする意欲も増してくるものなんだ」[3] と言わせている。つまり、会計という形式は単なる形式にとどまらず、実質に影響を与えることが示唆されているのである。ゲーテの言葉を現代的文脈に置き換えれば、「会計が利益獲得動機を駆動している」と言えるかもしれない。経済学者の大黒弘慈は、「単なる利潤動機ではない無限の利得追求は、有限の生存動機からは決して導き出せず、非合理なものから外的に触発されて初めて起動する」[4] と主張する。現在の経済活動の多くの問題が、「単なる利潤動機」ではなく「無限の利得追求」に変容していることから生じていることは、金融市場の動向などを見れば明らかであろう。この見方を正しいとするならば、会計は、「非合理なもの」に形式を与える手段として「無限の利得追求」を加速させていると言えるであろう。

会計の役割はそれだけではない。会計が算出する利益を中心とする指標は、企業の中でさまざまな管理標準として導入され、人間の活動をできる限り効率化するように仕向けている。企業に勤める人々の多くは、インプットとアウトプットの関係を改善する効率化という思考様式を簡単に受け入れてしまい、自分自身の仕事が管理標準の設定によってコントロールされることを是とするだけでなく、自ら目標を創り出して自己規律を強化する。この自己規律は管理システムによって制御され、それが無限の利潤動機に結びつき、グローバル経済を駆動させているのである。そして、そこに問題の根源があるとすれば、このシステムの鍵である会計を変革することで、その方向性を転換もしくは影響を緩和させることが可能になると考えることができる。

しかし、グローバルな諸問題を目の前にして、経済だけを悪者にするような、一方的な見解にも陥るべきではない。二〇世紀以降の目覚ましい経済発展は、人類に計り知れない恩恵を与えてきた。経済の発展によって人間の生存レベルは格段に向上した。日常生活を維持するために必要な時間は著しく減少し、製品・サービスの質を高めることで生活の質を向上させるだけでなく、疾病の減少と長寿化ももたらした。二〇世紀を代表する政治哲学者であるハンナ・アーレントは、人間の活動を、生命を維持するための「労働」、何らかの生産物を作り出す「仕事＝制作」、複数の人間間で行われる「活動」の三つに区分したが、[5]二〇世紀の経済発展が人間をアーレントの定義する「労働」から大きく解放したことは間違いない。もちろん、これはあくまでも生命を維持するために必要な「労働」という意味である。

ところがアーレントによれば、このような私的な「労働」から解放された人間には公的な「活動」を実行することを期待されるのであるが、実際にはその逆で、生存欲求をはるかに超えた私的な欲望に駆動された「労働」が増大していることが、グローバル経済の暴走という帰結を招いているように見える。アーレントにとって、経済とは自らの生存を目的とする私的な活動にほかならない。しかし、この「私的な欲望」が、人間が本来的に持っているものに加えて、大黒が示唆したように外部から与えられているものだとしたら、そしてそのことによって悪影響が生じているとすれば、問題は個人的なレベルでは解決できないことになる。われわれは、この問題に対して経済に形式を与えている会計の側面からアプローチすることで、「経済の時代」から「人間の時代」へ移行するための条件を理論的に検討し、さらに実践的な指針も提示したいと考えている。

そのために本章では、アーレントの公共性論を導きの糸として、公と私の問題から検討を始めたい。なぜなら、アーレントの認識が正しいならば、上述のグローバルな難問の数々は、私的活動が公的領域を大幅に侵食することによって、引き起こされたと見ることができるからである。そして、会計がその一翼を担っているとすれば、それを改善することによって、解決の糸口を見つけることができるはずである。これが本書を貫く基調となる考え方である。次節では、考察を始めるための予備作業として、経済と社会の関係について整理しておこう。

2　経済と社会の関係性

グローバル経済が引き起こしてきた問題は、経済格差の問題にしても、環境破壊の問題にしても、金融システムの不安定化の問題にしても、特定の原因によって引き起こされたというよりも、経済システムに埋め込まれたメカニズムの作動によってもたらされた結果として理解すべきである。たとえば、世界に一握りの超富裕層が出現していることは事実としても、彼らが問題を引き起こしているのではなく、それは結果に過ぎないのであるから、富裕税の導入によってたとえ格差の幅は狭めることができても、そのような対応は対症療法の域を出るものではなく、メカニズムを放置すれば、別の格差が生じるだけであろう。しかも、このような経済のメカニズムは、われわれの日常生活にすでに奥深く侵入してしまっているので、問題はそこから考えなければならない。

経済による生活世界への侵入を厳しく批判した哲学者にユルゲン・ハーバーマスがいる。ハーバーマスは、「経済的および行政的合理性にのっとった一面的な近代化が、文化的伝統の継承や社会的統合、さらには教育等の課題に芯を持つ生活領域に闖入してきている」[6]と経済システムを批判し、これを経済システムによる生活世界の植民地化と称した。そして、経済システムに代わる新しい制度を設計することの必要性を論じ、「社会の近代化をもこれまでとは異なった、非資本主義的な方向へ導くことが必要であり、また、生活世界がそれ自身の中から経済的および行政的行為システムの自己運動を制限しうる諸制度を生み出しえねばならない」[7]と主張するのである。このような状況は、社会と経済の関係を壮大なスケールで歴史的に研究した経済史家カール・ポランニーの言葉を借りれば、人類が、近代社会において史上はじめて、「社会関係の中に埋め込まれていた経済システムにかわって、今度は社会関係が経済システムの中に埋め込まれてしまった」[8]ために生じたのである。したがって、「経済システムを再び社会の中に吸収し、われわれの生活様式を産業的な環境に創造的に適応させる」[9]ことが必要になるのであるが、事態は、ポランニーが警鐘を鳴らした時代よりも、さらに「社会の経済化」が進行してしまっている。

ハーバーマスもポランニーも、経済がその本来の範囲を超えて、人間生活の経済的ではない部分にまで侵食していることを厳しく批判している。ではなぜ、経済による社会の侵食が問題なのかと言えば、それは人間の本質が経済活動の中には存在しないからである。経済哲学者のジャン-ピエール・デュピュイは、経済が支配的になることの問題点として、人間存在が経済計算の能力へ切り詰められて一元化されること、個人が孤立して関係が貧弱化すること、その行動が予測可能なものとされてしまうこと、を列挙する。[10]これらの傾向が、いわゆる豊かな人間性の対極にあることは容易に理解されるであろう。しかし、人間にとって経済は生きていくうえで必要不可欠なものであり、これは程度の問題と思われるかもしれない。ところが、それが何らかのメカニズムによって加速度的に強められているとすれば、そしてそれが人間性への抑圧だけでなく、先に述べたようなグローバルなレベルでの目に見える諸問題を生み出しているとすれば、単なる程度の問題では済まない事態であることが理解されるであろう。

経済が、実際の個人の認知・行動のレベルを超えて、独自の運動の法則を持ち、自律的にその対象を拡張してきた側面を見なければ、この問題を解決することはできない。この独自の運動法則の根本的な特徴を、経済学者の岩井克人は、経済システム（資本主義）の本質を差異性から利潤を生み出す点に求め、資本主義はこの純粋に形式的なシステムゆえにグローバル化したと主張する。[11] また、経済社会学者のアラン・カイエは、経済システムの自律的な運動の基礎を経済的功利主義に求め、「功利主義は固有の傾向ゆえに、不可避的に、さまざまな社会や人間主体を、理論的にも実践的にもさまざまな利益の戯れのみに還元し、次に第二の還元として、このさまざまな利益をさまざまな経済的利益のみに還元しないわけにはいかないのである[12]」と主張する。功利主義が経済学における支配的な理論である新古典派経済学と結びつき、経済学のみならず多くの経済行為を支配していることは周知のところであるが、ここに風穴をあけなければ「人間の時代」への展望は開けない。

当然のことながら、社会と経済の関係において、社会に対する経済の支配もしくは侵食を問題視する議論はカール・マルクスの時代から現在まで無数に存在する。上記は代表的な議論のごく一部を示しただけであるが、重要なポイントは、経済が社会を支配もしくは侵食することへの問題の認識と、経済は誰かの命令で社会を支配するのではなく経済システムという形式の自律的な運動の結果として支配が生じるという、二点に集約される。

前者については、経済から守られるべき、社会と総称されているものは何か、ということが問題になる。この点を抽象的に定義すれば、それは社会の中に存在する経済に還元されない部分と理解してよいであろう。逆に言えば、人間がすべて経済的な目的合理性に従うのであれば、社会と経済の対立は問題にならない。したがって、経済学は経済人（ホモエコノミクス）を仮定するのであり、そこに問題の本質があるとすれば、ホモエコノミクスとホモサピエンスの差が守られるべき人間の共通の特質であり、人間社会の特徴を構成すると言えよう。この部分は本質的に私的な空間で充足されるべき事項のように思われるかもしれないが、そこに人類共通の傾向性が看取されるならば、それが公的な空間を形成する原理となりうる。社会学者の大澤真幸は、公共性の条件を探求した結果、「〈普遍的公共性〉がありうるとすれば、それは、私的な、あるいは少なくとも親密な関係を究極の温床とするほかない[13]」と述べている。本書は公共性の始原までを追求することを目的とするものではないが、公共性の基底は実は人間の内面にしか求められないことを最初に確認しておきたい。ただし、この内面の起源は個々の人間を超えるものであり、その意味で人間の外部に存在することになる。

後者の経済の自己運動については、経済システムが人間の制御を超えて自律的に運動し、自己循環して完結するものであるため、それに対抗するためには、一時的な政策だけではうまくいかないことを示唆している。ハーバーマスが指摘しているように、経済システムという制度に対抗する新たな制度を生み出さなければならないのである。この点について岩井は、資本主義の本質が自己循環を可能にする形式的なシステムであるため、それに対抗するためには、資本主義と同じ程度に形式的なシステムが要求されると主張し、その可能性をイマニュエル・カントの定言命法に基づく自己循環を可能にする倫理に求めている[14]。よく知られているように、カントは行動原理の客体として与えられる経験に対して、自由な意志は経験的な条件からは独立していなければならないとして、形式論理だけに基づいて普遍的な道徳の法則を打ち立てる。それが有名な「君の意志の採用する行動原理が、つねに同時に普遍的な法則を定める原理としても妥当するように行動せよ[15]」という定言命法である。このカントの道徳法則には、一切の経験的な要素は捨象されており、人間が普遍的な法則を想定して行動することで、普遍な法則が生み出されるという自己循環的な倫理のシステムが埋め込まれている[16]。このような自己循環することで生起する倫理が同じく自己循環的な経済システムに本当に対抗できるか否かは、本書全体を通じての重要な問題意識となっている[17]。

会計の視点からこの問題を見るならば、伝統的な会計制度は、経済活動を数値として実体化することで経済活動を支援する形式そのものであり、後述するように組織（主に企業）の経済計算を統一することで、私企業を市場の中に開き、さらには国際的に会計計算を共通化することで、グローバル経済の拡張の重要な一翼を担ってきた。会計は、経済的な自己循環システムのインプットとアウトプットを提供する仕組みとして機能してきたのである。したがって、経済の自己運動に対抗するためには、その手段である会計の変革もしくは代替的な会計制度の導入が必要であるという主張には一定の正当性があると言えよう。

ここまでは、社会と経済の関係において、経済が人間の生活世界を侵食するという否定的な側面ばかり見てきたが、逆に経済が人間の生活を解放したことも指摘しておかねばならない。これは産業社会が到来する前の人間社会、ポランニーの言葉を借りれば「経済が社会の一部だった時代」を想定すればすぐにわかるであろうが、その当時の人間は小さな村社会の中に閉じ込められていたのであり、そこでは村の掟が人間を縛っていた。さらに、時代を下れば、村の掟は、規範や宗教あるいは道徳として、生活世界を支配するようになる。このような旧来の支配を打ち破り、規範や宗教あるいは道徳の座に経済が座ることで、人間は旧社会から解放されたのである。このような状況を哲学者のアンドレ・ゴルツは次のように描写する。

「ここで重要なのは、会計計算によって伝統的秩序が、絶対の強制力をもった厳密さという形式的秩序にしだいに凌駕されていったことだ。宗教制度の腐敗によって、規範や宗教、道徳への確信といったものが荒廃し、代わって計算が確信の中心的な源泉として登場したのだった。[18]」

会計計算とは経済を体現する仕組みである。旧来の規範や宗教あるいは道徳は、経済によって社会における支配的地位を奪われたのである。デュピュイによれば、「経済は、近代を特徴づけた世界の脱聖化というプロセスによって空白になった位置を占めている[19]」のであり、したがって「経済は全く別の手段による聖なるものの継続[20]」なのである。経済に具体の形を与えるものが会計とすれば、デュピュイの「経済」を「会計」に置き換えたほうが、形式的には意味がはっきりするであろう。このように見れば、経済は人間を旧来社会から解放したが、今度は人間が経済の中に閉じ込められてしまったと言うことができる。この社会と経済の関係は、環境と経済の関係にもそのまま当てはまり、太古の昔から人間は自然環境の中に閉じ込められ、自然の脅威にさらされてきたが、経済の発展によって自然を（部分的に）支配するようになり、今度は過度の経済発展のために自然を含めた社会環境が破壊されていることが問題とされているのである。

しかも、ゴルツが指摘しているように、経済として認知されている現象は、実は会計計算を通じて作用するのである。経済的な意思決定で使用される数値は、すべて会計計算もしくは何らかの経済計算から生じたもので、さらなる計算の連鎖を作り出す。会計規則で規定されていない計算手法も経済計算である以上、判断の根拠として最終的には何らかの利益という会計数値に収束することになる。逆に言えば、たとえ抽象的なレベルであっても、利益に収束しない数値は、現行の経済体制のもとでは、企業の最終的な判断根拠になりえない。さらに、われわれの立場からすれば、利益計算としての会計制度が占める経済における中心性を忘れなければ、会計規則に従った計算とそれ以外の経済計算を区別する必要もない。なぜなら、すべての経済計算は原理的に利益に収束するからであり、逆に、利益に収束しない計算は経済活動として問題にする必要はないからである。[21]

むしろ、経済現象の現実は無数の計算実践から成立しており、計算は抽象的な概念としての経済を具体化する装置として固有の社会構成的な力を持つという理解が重要である。そこに経済計算を対象とする意義がある。現代社会の権力関係の本質を解明した哲学者ミシェル・フーコーが「権力の行使は、賢明さに従ってではなく、計算に従って規則づけられる[22]」と指摘するとおり、計算はニュートラルな実践ではなく、常に何らかの権力関係が反映されると同時に、新たな権力関係を創造するのである。フーコーにとって「装置」(dispositif)の概念は特殊なもので、それは権力を生み出す要素間のネットワークであり、何らかの戦略機能を持ち、しかも自らを構成し維持する編制体である。[23] これが経済と結びつけば、「管理システム」として人間に対して自己規律的に作用することになる。フーコーの議論を受けて、

ＬＳＥの会計学者ピーター・ミラーとマイケル・パワーは、会計複合体（accounting complex）が近代社会においてフーコーの言う装置の一部として枢要な機能を担ってきたと主張している[24]。したがって、会計を対象とするということは、経済を対象とするだけでなく、現代社会の装置である「管理システム」を対象とすることでもある。

人間は経済を抽象的に思考することはできるが、何らかの具体的な計算を行うことなく経済を実践することはできない。その計算が、最終的には利益を中心とする会計計算に収束するとすれば、この会計を変革することを抜きにして「経済の時代」から「人間の時代」への展望は開けないといっても過言ではない。経済と社会の関係から会計の役割にまで、議論が進んできたが、われわれの目的は、会計の持つ社会構成的な機能を解明することではなく、それを前提として、「人間の時代」を開くために、会計の立場からどのようなアプローチが可能なのかを議論することである。そのためには、将来の方向性を見通す理論的根拠が必要になる。ここではそれを公共性に求めたい。

3　理論的根拠としての公共性

これまで、社会と経済は対立概念であり、経済は人間を旧来の社会から解放したが、今度は逆に人間社会を経済の中に閉じ込めてしまったことを議論してきた。したがって、次に求められるべきは、経済からの人間の解放であるが、それが経済の排除であっては現代社会では受け入れられないどころか、人類に重大な不利益を与えてしまうであろう。追求すべきは、経済活動を維持しながら、経済に影響されない領域としての社会の構築である。この経済に影響されない社会領域を表現する概念が公共性である。

公共性に関する議論も夥しい数に上るが、ここでは、現代的な公共性論の基礎を築いたアーレントの思考を出発点としたい。アーレントは、主著の一つである『人間の条件』において、公共性（public realm）について周到な議論を行い、それは現代における公共性に関する最も重要な理論的基礎になっている。アーレントは、公共性について、密接に関連しているが同じではない二つの現象を意味しているとして、以下のように述べる。

「第一にそれは、公に現れるものはすべて、万人に見られ、聞かれ、可能な限り最も広く公示されることを意味する。[25]」

「第二に、『公的』という用語は、世界そのものを意味している。なぜなら、世界とは、私たちすべての者に共通するものであり私たちが私的に所有している場所とは異なるからである。[26]」

このように、アーレントは公共性の条件として、公開性と共通性を提示する。この公開性と共通性が成立するためには、当然のことながら、複数の人間の存在が必要であり、「この人間の複数性（plurality）というのは、公的領域である現れの空間にとっては必要不可欠な条件である。このためにこの複数性を取り除こうとする企ては、必ず、公的領域そのものを廃止しようとする企てに等しいということになる」[27]。ここで人間の複数性ということは単なる人間の数を言うのではない。その人間は、完全に尊厳を認められた人間でなければならない。逆に言えば、いくら人間の数が多くても、自分の意見が言えないようであれば、その場は公共空間と言うことはできない。

アーレントはこのような公的領域を、私的領域から明確に区別する。彼女の考える私的領域とは、人間が自己の利害に基づいて行動する領域である。人間が自分自身や家族の生命を維持するために行う行動はすべて私的利害に基づく行動であり、それは私的領域で営まれることになる。したがって、経済活動は、まさに生活を維持するために行う私的活動ということになる。ここで注意しなければならないのは、アーレントは私的活動である経済活動を否定して、公的活動を称賛しているのではないことである。すなわち、人間が生命体として存在するためには、生活を維持するための私的領域は必要不可欠である。しかし、それと同じように、人間としての尊厳を発揮する公的領域がなければ、人間としての条件が満たされないと考えるのである。

したがって、問題は公的領域が私的領域によって蝕まれていることにあるとアーレントは主張する。その主な原因は経済にあり、彼女によれば、「共通世界の終りは、それがただ一つの側面で見られ、たった一つの見方において現れるとき、やってくる」[28]である。そして、それは、「存在するもののうちで最も空虚なものの一つである金銭的報酬」[29]によって、すなわち経済によって促進される。その結果、「私たちの時代になると、公的領域はいっそう限られた非人格的な管理の領域へと、完全に消滅し始めている」[30]のである。

要約すれば、アーレントは、私的利害の有無によって、私的領域と公的領域を峻別し、個人の利害に基づく経済活動の場を私的領域と定義した[31]。そして、現代的な問題は、私的領域の拡張による公的領域の侵食あるいは消滅にあるとし、その主な原因を経済活動の拡張に求めている。しかし、アーレントは人間が生存していくための私的領域の存在を認めており、問題は公的領域の私的領域化をいかに食い止めて、人間の複数性を確保するかにある。つまり、そこでは経済を過度に縮小したり、抑制したりすることが求められるのではなく、本来公的であるべき領域に侵入してきた経済を制御することが求められるのである。なお、公的領域を私的領域化から防御するためには、まだ公的領域が私的領域に侵食されていない場合は何らかの防御的な制度の構築が必要であるが、すでに公的領域が私的領域化されてしまっている場合には、私的領域内で公的領域を回復させることが必要となる。この二つは公共性を回復するための異なる方法であるが、本書のようにグローバル経済の担い手である私的組織体としての企業を主な対象とする場合は、すでに私的領域化された組織が対象となるため後者の視点が重要となる。

いずれにしても公的領域を確保するためには何が必要か。アーレントが徹底的にこだわるのは、尊厳を持つ人間の複数性である。逆に言えば、人間の複数性を一元化してしまうものこそが、公的領域の私的領域化を促すものということになる。その最たるものが、「あらゆる欲求を満足させる公分母としての金銭である。公的領域のリアリティは、これとまったく異なって、無数の見方と側面が存在する場合に確証される」[32]。つまり、金銭＝貨幣によって対象が評価されてしまうと、そこには無数の見方や側面がなくなってしまい、公的領域のリアリティがなくなってしまうのである。

これを会計の文脈で言えば、多様な対象を貨幣という共通の単位で測定・評価していく技術こそ会計にほかならず、会計こそ、公的領域のリアリティを喪失させる経済活動の手段ということになる。アーレントは会計にまでは言及していないが、会計の重要性を理解するゴルツは、「経済合理化は、会計計算から始まる。この下に服さない限り、人間の活動は経済合理性を免れ、生活の時間や流れ、リズムと融け合っている[33]」と述べている。ゴルツが述べる「生活の時間や流れ、リズム」は人間の尊厳に不可欠な要素であり、公的領域が成立するための要件であり、一方、会計は人間の尊厳を踏みにじる行為ということになる。プロテスタンティズムに資本主義の精神を発見したマックス・ウェーバーも、資本主義の精神である合理性が、「幸福主義的な利己心の立場からすればはなはだ非合理[34]」であることを指摘している。

このようにアーレントは貨幣による一元的な評価を人間の複数性を否定するものとして厳しく批判するが、アーレントと同じ年に生まれ、同じくマルティン・ハイデッガーに師事した哲学者エマニュエル・レヴィナスは、一見すると彼女とは正反対の主張を展開している。レヴィナスは、アーレントとは異なり、貨幣が持つ評価機能に注目し、経済計算することの意義について、次のように述べている。

「貨幣の両義性（交換手段であり評価手段でもあること――引用者注）によって可能となった人間の数量化はある新たな正義を予告してもいる。人間同士の根底的差異が、貨幣によって測定可能な経済における数量的平等によっては克服されないのなら人間の暴力は復讐や赦しによってしか償うことができないであろう。(……)貨幣は、復讐と赦しの地獄の循環あるいは悪循環に取って代わる贖いの正義をかいま見させてくれる。[35]」

レヴィナスは、他者に対する責任を軸にして独自の哲学を築き上げたことで有名であり、その理論は次章で集中的に議論する無限責任の議論につながっていくのであるが、ここでは他者との関係で貨幣(計算)の意義が認識されていることに注目したい。レヴィナスによれば、自己は他者に対して無限の慈悲と責任を負うのであるが、それを特定の他者だけでなく、無限に存在する他者すべてに拡張することは無理がある。したがって、そこでは人間の肉体的限界を超えた手段もしくは制度が必要であり、貨幣はそのための手段として意義を持つことになる。つまり、物理的に対応できない部分を貨幣で贖うことができるようになるのである。当然のことながら、そのときには正義に基づく正しい計算が求められる。したがって、レヴィナスによれば、経済(貨幣)と正義は以下のように関係づけられる。

「人間を救済するはずの正義は、経済のより高度な形態、つまり人間の全体性のより高度な形態を否認することはできない。そして、このより高度な形態においては、貨幣をその範疇とするような人間同士の共通の尺度が現れるのだ。[36]」

当然、レヴィナスも貨幣計算によって完全な正義に到達できるとは考えていない。しかし、貨幣計算以外に方法がないので、「計算しえぬものを計算すること」でしか正義には到達できないことを、晩年の講演や対談でも繰り返し主張している。[37] 正義および責任概念と計算の関係、そして貨幣計算の本質に関しては、第2章および第3章で詳細に議論するが、[38] ここでは、アーレントとレヴィナスの思考が正反対に見えて、実は隣接した思考であることを確認しておきたい。

アーレントは、多様な人間の複数性を確保して公的な空間が開かれることを求めるのであるが、その空間を拡張するためには、何らかの等価性という軸が必要となることをレヴィナスは指摘しているのである。レヴィナスによれば、それには貨幣計算以上に有効な手段はないということになる。一方、アーレントにしても、人間の複数性の根拠でもある無数の見方と側面に対しては、「共通の尺度や公分母をけっして考案することはできない[39]」と断言するものの、もしも正義の計算が可能であるとすれば、直ちにレヴィナスの主張に同意したであろう。レヴィナスが、一九五四年の論文の最後を、「人間の数量化のうちに正義の本質的諸条件を見るのはたしかに無礼千万なことであろう。けれども、果たして量も保証もない正義などありうるだろうか[40]」という言葉で結ぶとき、アーレントとレヴィナスの距離は限りなく近づいていると理解することができる。

レヴィナスの言う正義とはアーレントの言う公共性の条件でもあるから、本節で議論してきたことは、経済とそれを体現する会計は、公共性を侵食するものであると同時に、その条件でもあるという結論になってしまう。この矛盾する結論を解く鍵は、レヴィナスの言う「正義の計算」という言葉にある。つまり、会計計算が「正義の計算」であれば公共性の条件になりうるが、「正義でない会計」ならば公共性を破壊することになるのである。そこで、次の問題は「正義の計算」とは何か、それはどのような条件のもとで可能になるのかということになる。それはアーレントとレヴィナスの間に通じ合う道を探すことでもある。この点についての本格的な考察は第2章と第3章で行うが、その前に、会計と公共性の関係について検討する必要がある。会計とは、その専門職が近代会計発祥の地であるアメリカにおいて、Certified Public Accountant（CPA）[41]と呼ばれているように、もともと公共的な職業制度として誕生した。会計が公共的な制度として発展してきた背景には、会計の社会に対する能動的な役割がある。この側面を理解しなければ、会計を通じた社会変革の道筋は理論化できない。

4　会計の能動的役割

経済活動は無数の経済取引から構成されている。商品の購入、給与の支払い、製品・サービスの販売、設備の除却など、すべて取引である。逆に言えば、取引ではない行為は経済行為ではない。取引はすべて何らかの名称と金額で記録される。ここに会計が登場する。その最も基本的な装置は複式簿記であり、複式簿記を採用すればすべての取引はその原因と結果の二側面から把握される。通常の感覚からすれば、取引という行為が先にあってそれを会計が記録すると思われるかもしれないが、そのような理解は正確ではない。会計に記録されて、はじめて経済取引が成立するのであって、会計なくして経済取引は存在しないのである。

たとえば、銀行からお金を引き出せば、その瞬間にシステムに記録されるのであり、コンビニエンスストアやスーパーマーケットなどでの買い物も同じで、販売と同時に記録される。この記録がなければ、取引として認識することができない。しかも、この記録はすべて一定の規則に従っている。記録していなければ、何らかの財産の変動はあったかもしれないが、まだ認識されていないため、取引としては完結していないのである。盗難が実査するまで明らかにならないことは、このことを逆から説明するものである。さらに会計は実際には存在していない経済現象を創り出すこともできる。たとえば、減価償却という会計上の取引などはその典型である。減価償却とは、過去に支出した設備等の金額を使用期間に配分して費用化する方法であるが、これは減価償却という会計計算の方法がなければ現実に存在することがない事実である。

したがって、会計は現実の写像であるとよく言われるが、それは厳密には間違いである。写像というのは、何らかの像があらかじめ存在していて、それを写すということであるが、会計記録を行う前には像は存在していないので、会計が現実を写像することは原理的に不可能である。むしろ、会計記録によって経済取引が認識可能な形に創り出されると言うほうが正確である。このような考え方は言語学に詳しい読者なら、フェルディナン・ド・ソシュールの言語学を想起されるかもしれないが、まさにそのとおりである。ソシュールは、二〇世紀初頭に、言語に先立って対象が存在するという受動的言語観を否定し、言語によって現実が構成されているという能動的言語観を打ち立て、言語学はもとより、その後の哲学にコペルニクス的転回を与えた言語学者である。[42] ソシュールによれば、世界はあらかじめ言語によって分節化されており、人間は言語の網の目を通して世界を見ていることになる。これを経済現象に適用すれば、経済は会計によって分節化されており、会計を通して経済を認識することが可能になると言うことができる。実際、会計がなければ、収益も費用も利益も資産も負債も存在しないのである。

会計の役割はこれだけではない。会計は時間や空間まで創り出すことができる。現実の人間は、過去に戻ることもできないし、未来に行くこともできない。しかし、会計の世界では時間軸を飛び越えて容易に移動することができる。たとえば、一週間前の仕入れと今日の仕入れを合算するということは過去と現在を結びつけることである。また、将来の返済額を負債として記録するとき、それは未来を現在に結びつけることである。そもそも収益から費用を控除して利益を計算する行為は、すべて異なる時間の経済行為をとりまとめる行為にほかならず、そこに「会計期間」という時間が創造されるのである。そして、この会計期間の存在が経済行為にさまざまな影響を与えていることは、経済行為を少しでもしたことのある人ならすぐに実感できることであろう。これまで多くの会計不正が指弾されてきたが、そのほとんどはこの会計期間の問題と関係している。

さらに会計は本社や工場という空間も創り出す。本社や工場は物理的に見ればただの建物に過ぎないが、それをコストによって分節化すれば、コスト管理のための空間が創り出される。もちろん、利益によって分節化することもできるし、投資によって分節化することもできる。いずれの場合も、目で見えている空間とは異なる空間が会計の定義によって生み出され、その空間を対象に管理が行われるのである。そして、本社が計算の中心であるとすれば、世界各地に散らばる事業所も会計を通じて本社の経理室に取り込むことができるのである。これは、科学哲学者ブルーノ・ラトゥールが提唱した「計算中心点」そのものである。ラトゥールは、科学の発展において、計算の中心点が存在し、距離が離れている地点に対しても、中心から作用を及ぼすことができることを示したが、このアナロジーは会計実践にもそのまま適用できる。[43] さらに、場所が創造されるだけでなく、そこでは「人間」も、時には人件費として、時にはコストや利益の責任者として、会計の対象として創造されるのである。

しかも、会計は現実を構成するだけでなく、無生物であるにもかかわらず具体的な行為も遂行する。たとえば、会計によって分配可能利益が計算されるということは、それは分配という行為を遂行していることと同義である。納税金額の算出も同じことである。これは、言語学者ジョン・L・オースティンが明らかにした言語による遂行機能（発話内行為）が、会計にも適用できることを意味している。[44] オースティンは、たとえば「私は約束する」という言明は、単なる発語だけでなく約束という行為を遂行していると説明するが、会計学者の青柳文司が指摘するように、会計はまさにそのような経済資源の配分という行為を遂行しているのである。[45] しかし、剰余金の処分案が株主総会で否決されては実際には分配できないではないかと反論されるかもしれないが、そのときには新しい計算が新しい分配をするだけで、計算が分配額を決める構図は同じなのである。

会計の能動的な役割は、説明していけば切りがない。もちろん、このような説明の仕方は、筆者が考え出したものではなく、会計を社会的な文脈の中に位置づけて研究してきた会計学派[46]が、これまで営々と研究を積み重ねてきた成果を要約して述べているに過ぎない。では、このような能動的な会計は、実際にはどのような形で存在しているのであろうか。それは、法律で定められた会計規則であったり、企業の管理方法であったり、過去からの慣習であったり、ソフトウェアのアルゴリズムであったり、会計学のテキストで示された方法であったり、さまざまであろう。また、会計記録し計算するためには、記録媒体である紙やメモリあるいはデータを格納する仕組みが必要であるし、電卓やコンピュータのようなハードウェアも必須である。そして、それを使う人間を教育する学習プログラムも欠かせない。このように、会計は単なる規則ではなく、上記のようなさまざまな媒体の総体として理解しなければならない。このような理解のもとでは、一つ一つの規則の設定や理解も重要ではあるが、それだけではなく、会計の総体が全体としてどのように動くのか、そのメカニズムはどのようになっているのかという問題がそれ以上に重要となる。

したがって、われわれは日々能動的に経済行為を行っているように見えて、実は、会計という技術が取引を創り出し、経済現象を駆動しているのである。そこでは、人間は自らの意志で行動しているのではなく、目に見えないメカニズムのもとで動かされているに過ぎない。しかも、多くの場合は、動かされているにもかかわらず、自ら望んで動いていると錯覚しているおめでたい存在なのである。ここまで言い切ると、読者の中に、そうではないだろうという感覚が芽生えることであろう。上記の説明も一理あるが、それればかりではないだろうと反論したくなるかもしれない。実は、その反論したくなる部分の根拠こそ、先に述べたホモエコノミクスとホモサピエンスの差異であり、多様性の源泉なのである。ここではじめて、アーレントと会計が遭遇することになる。そこで次の課題は、会計の能動的な役割を超えて、いかにして人間を復権させることができるのかということになる。この問題は本書全体を通じて考えていくことになるが、本章の締めくくりとして、このような能動的な会計が、どのように公共性に影響を与えてきたかを見ることを通して、われわれが対象としている領域の境界を確認しておきたい。

5　会計の公共性

会計の公共性を論じるためには、公的会計（public accounting）[47]と私的会計（private accounting）との対比を考えればわかりやすい。株式会社が財務諸表を作成して、株主へ報告もしくは証券市場へ公開することは典型的な公的会計であり、企業が組織内で意思決定のために行う会計は私的会計である。会計学の世界では、前者は財務会計（financial accounting）と呼ばれ、後者は管理会計（management accounting）と呼ばれるが、その相違は本書にとって重要ではない。重要なことは、青柳文司が精緻な会計史研究で明らかにしたように、近代会計学はアメリカにおいて一九世紀末から二〇世紀初頭にかけて、公的会計と私的会計の理念の交渉史として成立してきたという史実である[48]。

すなわち、企業会計は、最初は私的組織の実務として発祥し、それが次第に共通化することで、公的な会計実践が生まれてきたのである。近代会計の始まりは一九世紀後半のアメリカにおける世界最初の大企業である鉄道会社の会計であるとする見方が有力であるが、当時の鉄道会社は十分な情報公開がなされず、経営者に有利な会計手法が横行していた。それに対して、青柳が会計制度史上画期的な出来事と評価するのは、一九〇二年一二月三一日決算におけるUSスチール社による財務諸表の公開であった。ここに、私的会計から公的会計への脱皮の兆候が見られるとされるが、一九二九年の世界大恐慌までは、企業会計の標準化は十分進まなかった。逆に、世界大恐慌の原因は不十分な会計制度にあるとされ、一九三三年の証券法の制定を経て、三四年のアメリカ証券取引委員会（SEC）の設立へと至り、取得原価主義を基調とする共通の会計制度が構築されたのであった。ちなみに、一九二〇年代までの鉄道会社をはじめとする大企業では、資産や資本の恣意的な評価が横行しており、それが実態と乖離し、経済恐慌の要因となったと厳しく指弾された。そこでSECは、資産の評価を取得時の原価に基づく取得原価主義を基本とする会計制度を構築することになったのである。

SECの成立以降、会計の公的会計としての役割は強化されていくことになり、それは経済の発展と表裏をなすものであった。企業に共通の会計規則を遵守させて、その内容を監査する仕組みは、会計の標準化を大いに促進した。会計規則は社会の必須の基準とされ、企業会計が共通化されることで税の徴収が可能となり、証券市場という公共空間が成立することになる。ここに近代的な産業国家が成立するとともに、株式会社が証券市場を通じて資金調達することでさらに大規模化することが可能となる資本主義の枠組みが完成することになる。しかも、経済には国境がないから、多くの証券市場の規則が共通化されればされるほど、企業は資金を調達しやすくなり、経済には都合がよいことになる。会計は、そのための手段として、二〇世紀を通じて発展し、グローバル経済の推進力となったのである。

共通化するための手段として会計の理論や手法の歴史を見れば、会計は、より多くのものをより容易に共通化できる技術として進化してきたことがわかる。会計専門家が唱える適正な損益計算や正確な財政状態の評価といった目的は、いわば見せかけに過ぎず、実際にはより多くの実務を共通化できる手法が勝ち残ってきた。SEC成立当初は、収益費用アプローチに基づく規則主義的な会計基準が支配的であったが、現在の国際会計基準審議会（IASB）は原則主義に基づく資産負債アプローチを採用している。収益費用アプローチと資産負債アプローチとは、利益計算の二つの考え方であり、収益と費用の差額から利益を計算するのが収益費用アプローチで、資産と負債の変化から利益を計算するのが資産負債アプローチである。前者は損益計算書中心で、後者は貸借対照表中心になる。また、規則主義とは会計計算の細かいところまで規則で規定しようとする考え方で、逆に原則主義は大きな原理原則だけを決めておいて、具体的な適用は実践の場面での判断に任せようとする考え方である。

SEC設置当時の会計基準は、取得原価主義を前提とする収益費用アプローチを基調とするもので、そのための会計規則を精緻化することが急務とされた。収益費用アプローチは、比較的同質性のある組織間では、取得原価という歴史的証拠に基づく頑強な手法としての利点があるが、異なる国家間の会計を対象にするような多様性の範囲が大きい場合には、人為的に計算しなければならない項目がたくさん出てきてしまうので、比較可能性を確保することが困難になる。それに対して、資産負債アプローチであれば、もしもすべての資産や負債に対して市場価格もしくはそれに相当する価額が計算可能であれば、収益費用アプローチよりも、はるかに容易に会計を共通化することが可能となる。つまり、多様性の範囲が広い組織を共通化する手段としては、資産負債アプローチのほうが優れているのである。規則主義と原則主義に関しても、細かい計算をいちいち規則化するよりも、大まかな原則を定めて、後は専門家の判断に任せる原則主義のほうが、共通化を早く進めることができる。

国際的な会計の標準化を目指す国際会計基準審議会が、原則主義に基づく資産負債アプローチを採用したのも、この点から見れば当然のことであった。ちなみに、国際財務報告基準（ＩＦＲＳ）は、アメリカ、日本以外の主要国で採用されており、アメリカや日本との間でも共通化が図られ、国際財務報告基準による統一は実現していないものの、一部の差異は別にして、事実上、世界の会計はほぼ同質化されたと見てもよい状況にある。ちなみに、これまでさまざまな会計理論家や実務家が、資産負債アプローチに基づく利益計算に対する問題点を指摘してきたが[49]、それにもかかわらず、国際会計基準として資産負債アプローチが根本的に再考される可能性がないのは、利益計算の適切性や情報提供能力よりも、採用される会計手法が持つ共通化および標準化への能力の高さにあると見るべきであろう。

ここまでは、企業が外部に情報公開するための会計、すなわち財務会計を中心に議論してきたが、問題は企業内部の会計である管理会計にも共通する。辻厚生は二〇世紀初頭のアメリカにおける管理会計の発達史を研究し、管理会計は技術者の会計と会計士の会計の交渉の中で、前者が後者に吸収されることで成立したことを明らかにした[50]。すなわち、工場における管理の基本は、もともとはフレデリック・テーラーの科学的管理法に起源を持つ技術者による標準原価であり、それは、技術者によって製造現場に適した形で算出されたものであった。しかし、標準原価が特定の製品や製造の管理単位ではなく、会計士によって工場全体に共通する金額指標に変化したとき、そこに標準原価計算と予算統制という管理会計の二つの主要手法が成立し、標準概念は現場の技術者の手を離れて、企業全体の管理手段と化したのである。さらに、ミラーらの研究[51]によれば、一九二〇年代に成立した標準計算と予算統制は、当時のアメリカで全国展開された能率増進運動における能率概念を企業内に浸透させる手段としても機能したのである。これも、企業内の管理手法が共通化・標準化されて、はじめて可能となったのである。これは、伝統的な管理会計手法にだけ通用することではなく、ジャストインタイム（ＪＩＴ）を基調とするトヨタ生産システム、組織をミニプロフィットセンターに分割して管理するアメーバ経営などの現代的な管理会計手法にも共通する特徴である。すなわち、現場に固有の情報や技術を標準化して、全体で制御することを目指す技術、これが管理会計の本質なのである。

このように会計は、財務会計にしても管理会計にしてもその成立当初より、共通化・標準化のための手法として登場してきたのであるが、会計学のテキストではそのようには説明されていない。むしろ、利用者の意思決定に対する会計情報の有用性が強調されてきた。[52]しかし、会計が実際に貢献してきたのは、意思決定に対する有用性よりも、異なる組織や活動を標準化することで、経済という公共圏を拡張することであったことは会計の歴史が証明している。この点について、社会倫理学者の稲葉振一郎は、「『公共性』とは『群れ』のように自然で自明ではない社会関係をあえて作り上げ、維持すること」であると指摘し、「情報の有意義性、有益性はこの場合、不在の関係を、そのリスクにもかかわらず、あえてコストを投じてわざわざ作り上げる際のテコ、あるいは人聞きの悪い言い方をすればエサである[53]」とまで言い切っている。この考えを会計に適用すれば、会計学の通説で説明されるような利用者の意思決定有用性は、会計を駆動する真の目的ではなく、それは見せかけに過ぎず、実際には異なる対象を共通化・標準化する手法として、経済という空間を拡充する手法であると言うことができる。実際、企業は会計という共通の形式を得てはじめて、大規模な資本調達や広範囲にわたる経済取引が可能となり、大量生産から多品種少量生産までの多様な生産方式が実行可能となって、二〇世紀を通じた経済発展が実現したのである。

以上の議論から、会計は、異なる組織や手段を共通化・標準化させて、経済という共通の空間を拡充してきたことがわかるであろう。共通の空間とはまさに公共空間であるから、会計は公共性を促進してきたと言えるのである。CPAのPがpublicを意味するのは、こういう意味なのである。しかし、このような意味での公共性と先に述べたアーレントの公共性の定義を見比べてみると、共通性という点では一致しているものの、一つ重大な相違が存在している。それは、公共性の範囲についてである。公共性を決めるためには、その範囲を決めなければならない。たとえば、リビングのテーブルは家族の中では公共のものだとしても、家の外を歩いている人にとっては、プライベートなもの以外の何物でもない。何が公共的であるかは、範囲に依存するので、内部の者にとっては公共的でも、外部の者にとっては非公共的（私的）ということは、日常的に経験される事実である。本節の議論に戻れば、会計が拡張してきた空間は経済にかかわる空間であり、アーレントが先に引用した定義で示したような「万人に見られる」ものでもなく、「私たちすべての者に共通するもの」でもなかったのである。

つまり、会計は、経済という公共空間をグローバルに拡大することには成功したわけであるが、それは経済以外の要素を排除することと同義でもあった。もちろん、会計による経済空間の拡張はプラスの側面も多々あるが、われわれが問題としているのはその行きすぎである。共通の会計が一国という範囲から世界という範囲にまで広がってしまうと、あるいは企業という組織から個人にまで浸透してしまうと、今度はもう広がる余地がなくなってしまって、一つの公共性が他の公共性を圧迫する事態が生じてしまうことになる。これが会計の限界である。しかし、限界は克服すべき原因を示すという意味では、同時に可能性でもある。会計が公共性を抑制さらには抑圧しているというわれわれの理解が正しいならば、それを変えることで公共性を回復する道が開かれる可能性があるからである。そのためには、会計という仕組みに経済とは違う要素を導入するべきではないかという発想が、すぐに浮かぶであろう。

しかし、会計に経済とは違う要素を入れることは、技術的には可能であるとしても、経済計算手法としての会計の根幹にかかわる重大な問題である。技術的には可能であっても、理論的な基盤を持たない手法は、現実の社会で生き残ることはできない。実際に、これまで社会や環境を考慮した多くの会計手法が考案されてきたが、そのほとんどは提案されるだけで、実務に普及することなく消えてしまった。その最大の理由は、技術的な難しさもあったが、そのような計算を要請する現実に機能する理論が社会に根づかなかったことが大きい。理論とは、決して机上の産物ではなく、人間の思考枠組みとなって機能しうるものであり、最終的には倫理の形成に寄与しうる。理論が十分でなければ、新しい実践を創り出すことは不可能であろう。

したがって、この問題を考えるためには会計の最も根本的な理論から考え直す必要がある。会計実践の基底には何があるのか。それはアカウンタビリティである。[54] 会計による公共性の回復が、人間の時代の倫理を生み出し、経済の範囲を超えるためには、アカウンタビリティの再定式化を避けて通ることはできない。これが次章の課題となる。

注

1 Arendt（1958）p. 5/p. 15.（欧文文献の参照情報に関し、二つの頁数を併記している場合は、前者が原著、後者が邦訳書の該当箇所を示す。訳文は一部変更している場合がある。以下同様。）

2 この問題については、國部・澤邉・松嶋（2017）で詳細に論じている。

3 ゲーテ（1796/2000）上、p. 55. ただし、この発言はゲーテの分身と見られる主人公のヴィルヘルムの友人であるヴェルナーの発言で、ヴィルヘルムは形式を実質とみなす見方に反論している。

4 大黒（2015）p. 219.

5 Arendt（1958）.

6 ハーバーマス（1980/2000）p. 20.

7 ハーバーマス（1980/2000）pp. 39–40.

8 Polanyi（1947）p. 70/p. 65. 本論文は一九四七年に発表されたが、本書では一九六八年に発行されたダルトン編集によるポランニーの論文集（一九七一年版）を参照した。

9 Polanyi（1947）p. 73/p. 68.

10 デュピュイ（2012/2013）p. 39.

11 岩井（2014）第五章参照。

12 カイエ（1989/2011）p. 30.

13 大澤（2015）p. 245.

14 岩井（2014）第五章参照。

15 カント（1788/2013）p. 89.

16 ここで言う自己循環とは、何らかのインプットを与えれば自動的に作動するメカニズムのことを指す。哲学で言う循環論法の意味ではない。

17 ちなみに、カントの道徳法則に関してはすでに経営学者のノーマン・ボウイらによって、ビジネス倫理学の中に取り入れられているが（Bowie, 1999）、そこで問題とされることは、ビジネスの現場へのカント理論の適用であるのに対して、われわれは社会システムの問題としてこの問題にアプローチしている。

18 ゴルツ（1988/1997）p. 190.

19 デュピュイ（2012/2013）p. 34.

20 デュピュイ（2012/2013）p. 46.

21 したがって、本書では「会計」「計算」「会計計算」「経済計算」等の用語を厳密に区別せずに使用している。ニュアンス的に言えば、既存の会計法規や会計理論に従う場合に「会計」を、その計算の側面を強調したい場合には「会計計算」を、それ以外の計算も含意するときには「計算」を、そのうちで貨幣単位の「計算」を意味したいときは「経済計算」という用語を使用しているが、その区別は本質的なものではない。

22 フーコー（2004/2008）p. 383.

23 フーコー（1994/2000）pp. 410–411.

24 Miller and Power（2013）p. 558. なお、フーコーの権力論と会計実践の関係性については、一九八〇年代から多くの会計研究者によって究明されてきた。より詳細な議論については、國部（1999）、堀口（2014）等を参照されたい。

25 Arendt（1958）p. 50/p. 75.

26 Arendt（1958）p. 52/p. 78.

27 Arendt（1958）pp. 220–221/p. 349.

28 Arendt（1958）p. 58/p. 87.

29 Arendt（1958）p. 57/p. 85.

30 Arendt（1958）p. 60/p. 90.

31 アーレントは、私的領域と公的領域の中間的な形態として「社会」（the social）を規定し、「社会」を大規模化した私的領域の意味で使用している。ただし本書では、アーレントの主張に依拠するものの、このような意味では「社会」という用語を使用せず、公共に近い概念として使用している。

32 Arendt（1958）p. 57/p. 85.

33 ゴルツ（1988/1997）p. 184.

34 ウェーバー（1920/1989）p. 94.

35 レヴィナス（1954/1999）p. 432.

36 レヴィナス（1954/1999）pp. 432–433.

37 レヴィナス（1997/2003）.

38 なお第2章では、特定の他者とすべての他者に対する責任の関係が問題となるが、レヴィナスは、この二つの比較不能なものを比較することが正義であると後年の主著『存在の彼方へ』でも強調しており（レヴィナス、1974/1999, p. 53）、貨幣計算はその手段ということになる。

39 Arendt（1958）p. 57/p. 85.

40 レヴィナス（1954/1999）p. 433. 一九五〇年代のレヴィナスの経済（エコノミー）に関する思考については、三浦（2002）も参照されたい。

41　日本では「公認会計士」と称し、英語名称をCPAとしているが、英語のpublicはaccountantに係っているのに対して、日本語の「公」は「認」に係る言葉なので、日本語の「公認会計士」という用語の中には、厳密に言えば、英語のpublicに相当する用語がない。
42　ソシュール（1910–11/2007）.
43　Latour（1987）. ラトゥールの理論も一九九〇年代以降会計研究の領域に取り入れられて、重要な理論展開を見せている。國部（2017a）参照。
44　Austin（1962）.
45　青柳（1991）.
46　その代表的なジャーナルは、元オックスフォード大学教授のアンソニー・ホップウッドによって創刊された『会計・組織・社会』（*Accounting, Organizations and Society*）で、経済学に基礎を置く会計ジャーナルと並んで、会計学界のトップジャーナルの一つである。
47　"public accounting" は現在では政府関係の会計を示す用語として使用される場合もあるが、「公開された会計」という意味が歴史的には先行している。
48　青柳（1986）.
49　たとえば、企業会計基準委員会の初代委員長を務めた斎藤静樹は、抽象度の低い概念である資産や負債から抽象的な利益を定義するほうが、観察される事実と整合しない要素を排除しやすくなるが、資産や負債の情報が投資家から見て、利益情報よりも有用性を持つ保証はないと指摘している（斎藤、2013, p. 44）。また、岩井克人らも資産負債アプローチに基づく利益概念が企業の事業成果の指標として妥当ではないと批判している（岩井・佐藤、2011）。
50　辻（1988）.
51　Miller and O'Leary（1987）. ミラーは、フーコーの統治性の概念を応用して、管理会計が社会の統治技術として機能していることを幅広く究明している。ミラーの会計研究に関しては、阿部（2016）を参照されたい。

52 その画期となったのは、一九六六年にアメリカ会計学会によって発表された報告書（American Accounting Association, 1966）であるから、すでに五〇年以上が経過している。

53 稲葉（2008）p. 118.

54 ちなみに、アダム・スミスが『道徳感情論』の初版において、「道徳的存在は、責任ある（アカウンタブル）存在である。責任ある存在は、その言葉が表現するように、自己の諸行為についての説明を、この他人の好みにおうじて規制しなければならない存在である」（スミス、1759/2003、上、pp. 296-297）と述べているように、スミスの時代から道徳とアカウンタビリティは密接な関係にあった。

第2章 アカウンタビリティを革新する

伝統や権威や正統性や規則や教義に対して、離反や創意という破壊を行わないような責任はないのだ。

――ジャック・デリダ『死を与える』[1]

1 会計の基礎としてのアカウンタビリティ

一般的な会計学のテキストでは会計の基本的な機能として、説明責任をあげている。たとえば、日本の代表的な会計学のテキストの一つである伊藤邦雄『新・現代会計入門（第二版）』は、企業会計の三つの機能の最初に「責任解明メカニズム」をあげ、「一般に資源の運用をゆだねられた者は、その資源をどう運用し、どれだけの成果を上げたかについて説明の義務を負う。これを説明責任あるいは会計責任（accountability）という」[2]と説明する。アカウンタビリティと説明責任は厳密には異なるとする主張[3]もあるが、われわれの目的にとって細かい相違は重要ではないため、説明責任や会計責任を総称する概念としてアカウンタビリティという用語を用いることにしたい[4]。

ちなみに、伊藤のテキストでは、責任解明メカニズム以外の会計の機能として、利益分配メカニズムと資源配分メカニズムがあげられている。利益分配メカニズムとは実際に利害関係者間の利益の分配を決定するメカニズムであり、資源配分メカニズムとは会計情報の提供が投資家などの資源配分のベースになると説明される。この説明を採用すれば会計の基本機能は三つあることになるが、利益分配メカニズムと資源配分メカニズムは、企業にとってのアカウンタビリティ関係が確立されて、はじめて機能するメカニズムである。利益分配の権利を持つ利害関係者や資源配分のための会計情報を要求できる利害関係者は、すでに企業とアカウンタビリティ関係を持つから、利益の分配を要求できたり、情報の提供を要求できたりするわけである。逆に、アカウンタビリティ関係のない外部者が、企業に利益分配を要求したり、情報提供を要求したりしても無視されるだけで、会計行為は起動しないことからも、会計の一番の基底にはアカウンタビリティが存在することがわかる。

それではアカウンタビリティは何によって生じるのであろうか。伊藤の説明では、「資源の運用をゆだねられた者は説明の義務を負う」とあるように、資源を委ねることがその基本にある。ではその「資源」とは何か。この典型的な例は、株主が経営者に提供する資金である。株主は経営者に資金を委託することによって、経営者は株主に対してアカウンタビリティを負うことになる。これはもちろん、株主と経営者の間だけに限らず、さまざまな関係に拡張できる。会社の中で上司は部下に対して一定の権限を与えることで、部下は上司にアカウンタビリティを負うことになる。国民は政府に税金を納めることで、政府は国民にアカウンタビリティを負う。患者は医師に自らに医療行為を施す権限を与えることで、医師は患者にアカウンタビリティを負う。このように、いくらでも拡張できる。これを抽象的に表現すれば、「委託者が何らかの資源または権限を受託者に委ねることによって、受託者は委託者にアカウンタビリティを負う」と言えるであろう。これを図示すれば、図2-1のようになる。

図2–1　アカウンタビリティの基本

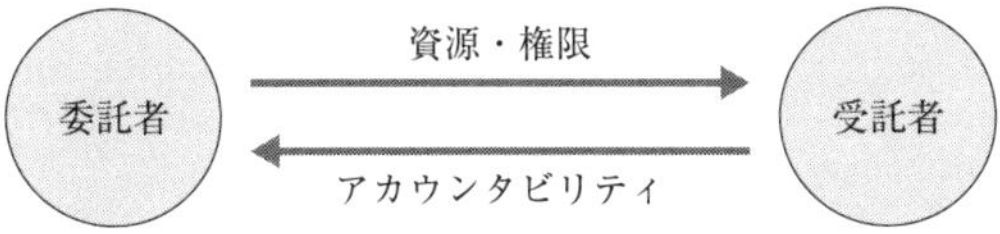

このようにアカウンタビリティ関係はいくらでも定式化可能であり、実際、現代社会は複雑なアカウンタビリティのネットワークの中で起動している。組織や社会の中で生じる計算実践の背後には、必ずそれを成立させているアカウンタビリティ関係が存在している。カーネギーメロン大学を拠点として世界的に活躍し、日本人としてははじめてアメリ会計学会会長も務めた井尻雄士は、「過去何世紀にもわたって、会計（accounting）の社会的・組織的な筋金として会計責任（accountability）が存在してきたことが明らかとなる。近代社会および近代組織は、その活動を記録し報告することを基礎とする会計責任の複雑なネットワークに依存している」[5]と述べている。

しかし、アカウンタビリティ関係がこのように定式化できることと、委託者と受託者の間のアカウンタビリティ関係が実際に履行されることは別の問題である。委託者が何らかの資源を受託者に委託したとしても、受託者がアカウンタビリティを履行しないときは、何らかの強制力がなければアカウンタビリティも絵に描いた餅になりかねない。

強制力の最たるものは法律や契約であり、株主と経営者（取締役）の間には法律が、企業と顧客の間には契約や法律が、上司と部下の間にも組織の一員である以上一種の契約があると想定される。さらに、さまざまなガイドラインやコードと称される「規範」も法律や契約に準じる形で機能している。ところが、経済格差の拡大や環境破壊のような社会・環境問題に関してはどうであろうか。経営者は、経済格差の拡大や環境破壊に対して、どの程度影響を与えているかについて説明する責任を持つのであろうか。もし責任があるとすれば、誰に対して、どの程度あるのか、それを強制することはできるのか、その方法をどのように議論すればよいのか、など多くの問題が出てくることになる。これらの問題が解けない限り、社会問題に対するアカウンタビリティは成立せず、会計は経済の範囲から抜け出すことはできない。

この問題に対して、社会や環境を対象とする会計を研究する会計学者は、社会的アカウンタビリティと呼ばれる概念の構築に努力してきた。社会的アカウンタビリティとは、資金の提供に対する財務アカウンタビリティの範囲を超えて、社会に対する影響に関しても説明責任があるという考え方である。三〇年以上にわたって社会環境会計を世界レベルでリードしてきたセントアンドリュース大学のロブ・グレイ[6]は、その初期の著作から社会的アカウンタビリティに基づく会計報告の必要性を強調してきた。そこでは、企業は法律を超えた社会に対する責任を有する根拠として、企業と社会の間の「社会契約」が想定されている。[7]日本では、産業公害が重大な社会問題となっていた一九七〇年代に会計学者の吉田寛が、株主が会社に対して財務エクイティ（持分）を持つように、公衆も生活権や環境権というソシアルエクイティを持つと理解して、ソシアルアカウンタビリティの概念を提唱している。[8] 社会的アカウンタビリティの概念は環境アカウンタビリティの議論にも適用され、社会環境会計の基礎理論の一つを担ってきた。[9] 社会的アカウンタビリティを図2–1に倣って示せば、図2–2のように書くことができる。

図2–2　社会的アカウンタビリティ

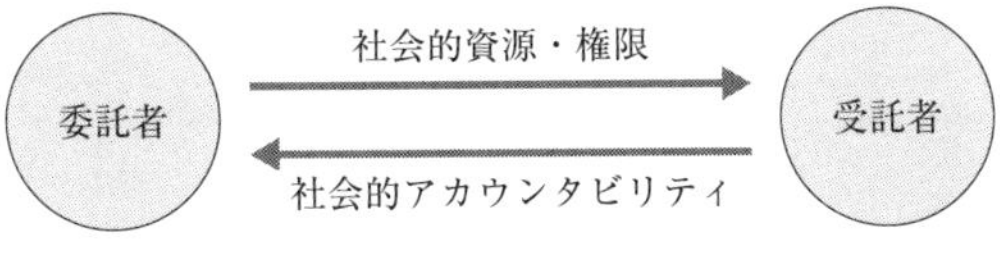

　社会的アカウンタビリティは、現代における企業の社会的責任（CSR）や社会・環境情報開示の領域における基本原則とみなされている。たとえば、国際標準化機構（ISO）が二〇一〇年に発行した社会的責任に関するガイダンス規格であるISO26000では、「社会的責任の本質的な特徴は、社会および環境に対する配慮を自らの意思決定に組み込み、自らの決定および活動が社会および環境に対して及ぼすアカウンタビリティを負うという組織の意志（willingness）である[10]」と定義している。また、現在世界で最も普及している社会・環境情報の開示原則を定めたGRIスタンダード[11]では、その第一の原則に「ステークホルダーの包含」を掲げ、「組織はステークホルダーを特定し、その合理的な期待や利害にどう対応してきたかを説明しなければならない[12]」と規定している。これらの国際的な規格やスタンダードでは、「社会的アカウンタビリティ」という用語は使用されていないものの、実質的にアカウンタビリティ概念を社会や環境の事項にまで拡張して要求していることは明らかである。

　それでは、このような社会的アカウンタビリティを前章で議論してきた公共性の理論から捉え直すと、どのようになるだろうか。アーレントによる公共性の第一の要件である「万人に見られ、聞かれ、可能な限り最も広く公示される」という点から見れば、社会的アカウンタビリティとはいえ、まず、何らかの理由で説明しなければならないとされる責任が限定されているところが問題となる。図2-2のアカウンタビリティは社会的に拡張されているとしても、それはあくまでも委託された社会的資源に依存するという意味で、「万人によって見られ、聞かれる」状態にあるとは言えない。つまり、伝統的なアカウンタビリティを拡張した社会的アカウンタビリティであっても、受託者の委託者に対する説明責任の内容が、何らかの基準によって外在的に規定される点で、責任概念としての十全性を欠くのである。この点は、次に示すアーレントの責任についての考え方を見れば、その相違が際立つであろう。

「わたしたちが実行していない事柄に〈身代わりの〉責任をひきうけ、わたしたちがまったく無実である事柄の帰結をひきうけるということは、わたしたちが自分たちだけで生きているのではなく、同じ時代の人々とともに生きているという事実にたいして支払わなければならない代価です。」[13]

すなわち、公的領域における責任とは、自らの行動を超えて発生しうるものであり、アカウンタビリティも責任である以上、資源や権限の委託・委譲や社会的契約も含む契約概念のみで規定できるものではないのである。つまり、社会的アカウンタビリティですら、アーレントの議論に照らせば、私的領域の説明責任の範囲を完全に出るものではない。したがって，公共性の観点からアカウンタビリティを見直すならば，資源，権限，契約等に依存しないアカウンタビリティの理論構築が必要とされる。当然，これは伝統的な会計に対する根本的な挑戦になる。

このように社会的アカウンタビリティは，伝統的なアカウンタビリティ概念に比べて，説明すべき領域を拡張したにもかかわらず，アーレントが目指す公的領域の復活のための理論的支柱としては十分なものではない。もちろん，ここでの批判は社会的アカウンタビリティの実践的な有効性をすべて否定するものではない。むしろ，ＩＳＯ２６０００やＧＲＩが実質的に社会的アカウンタビリティの定義を採用している以上，相当程度の社会的影響力を持つ理論として理解すべきである。ただし，われわれが目指す「経済の時代」から「人間の時代」への展開を目指す基礎理論としては，十分ではないということである。つまり，社会的アカウンタビリティを基調とする理論構築だけでは経済の時代を抜け出すことは難しい。もっと，根本的な新しい理論が希求されているのである。

「アカウンタビリティを革新する」と題した本章は，社会的アカウンタビリティのような伝統的概念の部分的な修正ではなく，根本的な革新を目指している。もちろん，それは伝統的な会計への重大な挑戦であるが，それを論じる前に，会計専門家の責任について考察しておきたい。図2-1と図2-2では，非常に簡略化した形で示したが，実際には，受託者と委託者は矢印で直接結びついているわけではなく，会計を使用する場合，両者の間には会計技術と会計専門家が介在している。すなわち，受託者と委託者の間の資源・権限の委託も，アカウンタビリティの履行も，会計技術とその専門家を通して現実化する

図2−3　アカウンタビリティと会計技術の関係

のであるから、図2−1は正確には図2−3のように書かれるべきであろう。しかも、この会計技術は、前章でも述べたように、中立的なものではなく、対象に対して能動的に影響を与えるのである。[14]ただし、責任論として議論する場合、技術は責任をとることができないので、そこに介在する専門家の責任として生じることになる。次節では、会計専門家の責任を取り上げて、この問題を考えていきたい。

なお、次節以降ではアカウンタビリティに加えて、責任（responsibility）がキーワードになる。responsibility と accountability の相違は学術的な議論の対象でもあるが、[15]われわれの立場からすれば、その差異は本質的な問題ではない。しかも、accountability と responsibility は、どちらも「説明する」（account）や「応答する」（response）という類語に、可能を表す ability が追加されて成立している、非常に近接した用語なのである。この点は、「責任」という漢字とは全く異なる。「責任」を字義どおりに解釈すれば、「任せて責める」で、そこに可能性を意味する用語はないが、accountability や responsibility は「説明できる」「応答できる」という「可能」の意味が含まれている。この「可能性」がアカウンタビリティやレスポンシビリティとしての責任を拡張する鍵を握ることになる。

2　会計専門家にとっての責任とは

会計専門家に限らず、専門家の社会的責任は現代社会において重大な問題である。これには、専門家が所有する専門知がますます大きな社会的影響力を持つようになってきたことと、そのような専門知を行使できる専門家集団の構成原理が一般的な民主主義とは異なるため、社会的なガバナンスが効きにくいという、二つの理由がある。専門家にとっての責任とは、専門家以上にその領域に詳しい人間は存在しないため、専門家に任せるべきであるという論拠が成立し、専門家は自分たちの職業的自由を最大限守ることが職業の質を維持・発展させることであると信じて、自律的な職業倫理を形成することに精力を傾注してきた。しかし、どのような専門家も完全ではないから過ちを犯すことは避けられず、その社会的影響が大きければ大きいほど社会的リスクは高まり、それに応じて専門家集団を社会的にコントロールする必要性も強まることになる。

また、専門家が生み出す知は社会を統治する権力に容易に取り込まれやすく、権力と知が結託することで、統治可能な対象として人間が作り上げられて管理されてきたことは、フーコーが克明に分析してきたとおりである。フーコーの研究では、測定・計測・計算のような対象を定量化する専門知の重要性が強調されており、専門知によって人間の能力が計測可能な対象となり、それに従って統治されるプロセスが、さまざまな場面について分析されている。フーコーは、『監視することと処罰すること』（邦訳書名は『監獄の誕生』）において、現代社会が、人間をまるで監獄にいるかのように、規律訓練的権力（disciplinary power）によって管理している状況を描き出している。[16] さらに晩年のフーコーは、統治の対象が人間の生命に移行したことを重視し、医療という専門知によって「病気」が創り出され、それを「予防」もしくは「治療」する行為として、人間社会を統治する生権力の存在も明らかにした。[17]

会計士も、医師に代表される医療専門家の集団と同様に、社会を統治する専門家集団である。会計専門知が経済社会の統治手段として機能していることは、医学知が生権力の統治手段として機能していることと比べても、影響力という意味では遜色ないものであり、専門知が作用する領域は異なるが、構造的には同じ問題を抱えている。フーコーのように社会をマクロレベルから俯瞰すれば、会計専門知が権力と結びついて、社会を統治してきたと主張することができるであろうが、会計専門家集団というミクロレベルから見れば、会計専門家集団を維持するために、外部からのさまざまな圧力を受け入れてきた歴史として記述することができる。科学哲学者のセオドア・ポーターは会計専門職能について詳しく分析し、次のように述べて、会計士が客観的な規則に管理されていく様子を描き出している。

「彼ら（会計士の職業集団――引用者注）は、さまざまな度合いで、公共の標準あるいは客観的な規則という名のもとにエキスパート・ジャッジメント（専門家判断）への開かれた信頼を断念したのである。それはけっして自発的な犠牲ではなく、強い圧力から、あるいは激しい競争から生じていた。[18]」

このようにポーターは、会計士は、客観的な会計規則を守ることで、自らの専門業への開かれた信頼を獲得することを、やむをえず断念したと述べている。これは専門家と客観的な規則をめぐる根本的な関係にかかわる主張である。一見すると、専門家は客観的な規則や知識に準拠して、自らの権威を維持しているように理解されるかもしれないが、実は、自らの判断を客観的な規則や知識に委譲してしまっているのである。判断を委譲するのであるから、当然、責任も規則や知識のほうに委譲されることになる。これは、医療でも同じことで、高血圧であるとか糖尿病であるとかいう診断は、医師個人の判断ではなく検査数値の基準に依存するのである。本来であれば、規則や基準は完全なものではなく、専門家がその不完全性も含めて、より高次から判断しなければならないが、実際には、細かい規則や基準を作って、そちらに権限や責任を委譲し、専門家としての自律性を自ら喪失するように動かされているのである。その理由をポーターは、「厳密な定量化は、これらの文脈において必要とされる。なぜなら、主観的な判断力が疑われているからである。機械的な客観性が、個人的な信頼の代替を果たす[19]」と説明する。ポーターの言う「これらの文脈」とは会計士や保険数理士の世界であるが、医療を含め数値を扱うほとんどの専門職業集団、さらには法律という質的な基準を持つ法曹界にも、当てはまる説明であることは言うまでもないであろう。

しかし、会計実践は極めて多様で、すべてを規則化することはとてもできない。むしろ、前章でも指摘したように、国際会計基準の文脈では、従来の規則主義の会計から、原則主義の会計への移行が進められている。原則主義になればなるほど、専門家の責任は重くなるが、頻繁に発生する不正会計への批判から、会計士への不信が強まる中、会計士は自ら原則主義を運用する際の解釈指針を次々作り出して、会計士個人としての自律性を諦め、責任を規則へ委譲することに汲々としているのである。すべてが数値に還元される「経済の時代」であれば、それでもよかったかもしれない。しかし、「人間の時代」の責任が、そのように次々と規則や基準に委譲されてしまうならば、ますます非人間的なものに人間が拘束されることになってしまうであろう。しかも、次々に規則を作っていっても、経済格差の解消や環境破壊のような地球規模の問題は解決できないばかりか、複雑な規制やルールの連鎖は規則やルールの欠陥に対する感覚を麻痺させ、欠陥そのものの無自覚的な蓄積を招くことになる。たとえば、二〇〇八年のリーマンショックも二〇一一年の福島第一原子力発電所事故も、複雑な規制やルールの連鎖によって見えにくくなってしまったリスクが、社会もしくは自然の衝撃によって、一気に露呈してしまった悲劇であった。

このような状況を打破するためには、ポーターの「主観性が責任を創るのである。没個人的な規則は、ほとんど自然と同じくらい罪がない」[20]という主張に注目すべきであろう。責任というのは、実は主観的なものなのである。一般にはこのような理解とは逆に、法律や規則を守ることが責任であると誤解されやすいが、それはあくまでも法律や規則であって責任ではない。言葉を換えれば、法律や規則を守ることを、あえて、責任と表現する必要はない。つまり、責任とは、法律や規則のような客観的な基準を超える何かでなければ、責任として論じる意味がないのであり、それを見抜いて、ポーターは「主観性が責任を創る」と喝破したわけである。

「機械的な客観性が、個人的な信頼の代替を果たす」現代社会では、真の意味での責任がますます履行されにくくなっている。しかし、ここを変革しない限り、公共性の問題の解決は望めないし、「経済の時代」から「人間の時代」への転換も不可能であろう。なぜなら、公共性の中心条件である多様性は主観性の中にしか存在しないからである。それでは、主観的な責任とはどのように構築されるべきなのか。対象者を専門家のみならず一般に拡充して、問題の本質に迫りたい。

3 無限の責任とアカウンタビリティ

責任が主観的なものであるとしたら、その範囲や内容をどのように理解すればよいのか。現代社会に生きるわれわれは、有限責任という考え方に慣れ切っている。会計学における伝統的なアカウンタビリティも、資金を委託されたから、あるいは権限を委譲されたから、それに対してアカウンタビリティを負うと説明するが、その根拠となる委託された資源や権限は、委託可能という時点ですでに客観的で有限のものである。社会や環境を加えた社会的アカウンタビリティにしても、他者からの委託を基礎とする限り、範囲が広がるだけで有限であることには変わりはない。しかし、責任が有限であるとしたら、責任の範囲はどこかに法律や規則として書き込まれていなければならないため、それは責任といっても、法律や規則を守ることと同義に過ぎない。しかし、法律や規則も無から生じるわけではなく、何かを根拠に生まれてくるはずである。それを仮に正義と名づけるならば、正義を果たすための責任という、法的責任を超えた新たな責任概念が思考可能になる。

この正義＝責任に関する思考について、ここでは、ジャック・デリダの主張を参考にしながら検討していくことにしたい。デリダはポストモダンの哲学者として著名であるが、その後期の思想において、責任や正義の問題系について、法や権利という現実と対比させながら深く切り込んでいる。デリダは、脱構築という手法を用いて既存の思考の無根拠性を暴き続けてきたのであるが、正義とそれに基づく責任については、それだけは脱構築できないとした領域である。デリダは、責任について次のように語っている。

「もし、責任が無限でなければ、道徳的、政治的問題はあり得ない。責任が有限でなくなった瞬間にはじめて、道徳的、政治的問題があり、それに伴うすべてが存在する。（……）責任の無限性を捨てれば、責任は存在しない。」[21]

デリダの主張の根本には、責任とは基本的に無限であり、有限のものはすでに責任ではないという理解がある。[22]たとえば、「責任というものは過剰であるか、責任ではないかのいずれかだ。有限の、ほどほどの＝計量された、計算可能な責任、合理的に分配可能な責任とは、すでに道徳の法律化だ[23]」というとき、無限の責任と有限の「責任」を明確に区別している。つまり、「責任の無限性（infinitude）を捨てれば、責任は存在しない」[24]のであり、このような主張は前章で論及したアーレントの思想とも共通する[25]。

このようなデリダの責任の無限性の主張の背景には、自己という主体の存在をめぐる哲学的な議論が存在している。責任の無限性に関しては、一九六一年に発表された自己の存在の根拠を他者に求めたレヴィナスの『全体性と無限』が画期的な業績で、そこでは、他者が自己に先行する以上、他者に対する責任は無限でしかありえないという理路が披瀝されている。レヴィナスよりも二回り若いデリダは、レヴィナスの主張を批判的に検討し[26]、存在論中心のレヴィナスとは異なる形で、むしろ法律や権利などの政治の現場に応用可能な形で責任や正義の概念を練り上げてきた。

したがって、彼らの哲学的思考に従えば、原理的に責任は無限であるとしか考えられず、責任が無限である場合の行動様式が問われることになる。ちなみに、法哲学者の瀧川裕英は、応答責任の実践において、その背景にある根源的責任はレヴィナスが主張するような無限責任であると説明している[27]。デリダやレヴィナスの主張はビジネスの世界ではまだ一般的ではない。しかし、自己の存在を他者を起点に考える思考は、現代哲学の重要な基盤となっており、それは経済学における新古典派経済学に代わって、「経済の時代」を乗り越えるための、豊饒な理論的根拠を与えてくれる。ちなみに、新古典派経済学が依拠する経済人仮説も、効用の最大化を目指すという目的は経済人の外部から与えられているものであるから、原理的な意味では現代哲学の範型の外に出るものではない。

デリダは責任の無限性を思弁的に主張するだけでなく、その無限性の指向する方向を正義として規定し、正義に対する有限で計算可能な部分を法（権利）[28]として位置づけ、現実問題への展開可能性を開いている。そこで彼は、法（権利）と正義を峻別[29]して次のように述べる。

「法（権利）は説明可能かもしれないが、正義ではない。法は計算の要素であり、法がいくらかでもあることは正義にかなっている。けれども正義とは計算することが不可能なものであり、われわれに計算できないものを計算するように要求する。[30]」

すなわち、デリダにおいては、責任は無限であり、その無限性を追求することは正義として理解される。しかし、実際には、有限の「正義」としてしか表現することはできず、この部分が法（権利）として計算可能であると解釈される。しかも、無限の正義を顕現させるために、正義は計算できないものを計算するように要求するが、その結果、計算できたものは正義ではないという構図になっている。これは矛盾ではなく、計算できないものを計算しようとする姿勢が、正義という無限の責任に向かって開かれている状態であることを意味する。したがって、「責任が有限でなくなった瞬間にはじめて、道徳的、政治的問題があり、それに伴うすべてが存在する」（前掲）ことになるのである。

ここまでの議論を、アカウンタビリティの議論に当てはめれば、資源や権限の委託や委譲あるいは契約に基づくアカウンタビリティの履行は、デリダの言葉によれば法（権利）として生じる部分であり、その背後には無限の責任＝正義が存在していることになる。このような無限責任の議論を、会計実践の理論的基礎であるアカウンタビリティ論に導入すれば、図2-1や図2-2は図2-4のように書き換えられる必要がある。そこでは「委託者」「受託者」という用語も適切ではないので、「自己」と「他者」に置き換えている。

図2-4　無限のアカウンタビリティ

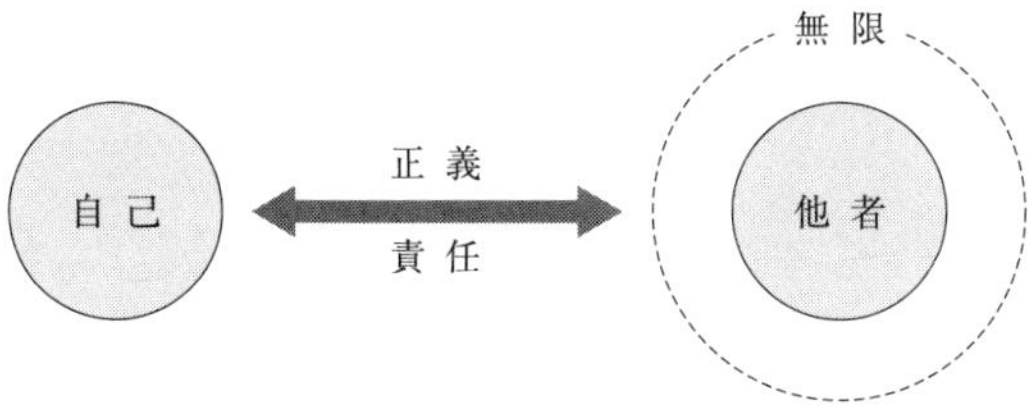

図2-4を見れば明らかなように、自己と他者は、資源や権限の委託や受託の以前に、正義と責任によって結ばれている。正義と責任は常に表裏一体である。もちろん、無限は図示できないため、他者の周りに点線で示している。ここで、無限の責任というと、それは非常に厳しい要求であると想像されるかもしれないが、それは間違いである。法律における有限責任や無限責任とは意味が根本的に異なるものである。法律上の無限責任ですら無限とはいっても、損害金額以上の責任はないわけであるから、実際は「有限責任」に過ぎない。無限は量では測定できない。したがって、無限責任は人間が他者に対するときの姿勢（方向性）の問題として理解すべきである。つまり、無限責任は量や文字で測定もしくは表現することができず、倫理の次元にしか存在しえず、実践を通じてしか顕在化できないものなのである。

無限責任のモデルを前章で示した経済と社会の対立関係の視点から解釈するとどうなるであろうか。そこでは、経済と社会の問題として、経済が人間や社会を支配することの弊害と、経済の自律的な運動がその弊害を自動的に拡張してしまうことの二つを指摘した。図2-1に示したアカウンタビリティ関係はすべての経済関係に当てはまるものであり、そこでは経済的な法（権利）に当てはまらない人間的な側面は切り捨てられているが、図2-4のモデルでは、この点について無限の責任を措定することで、その克服が指向されている。また、この正義という無限の責任は経済的な循環モデルの外部の地点を確保しているため、経済の自律的運動にも対抗している。このことは、無限の責任モデルが「経済の時代」を乗り越えるモデルになりうる可能性を示している。デリダは「正義の理念」は、「交換を伴わない贈与」すなわち「経済的な循環を構成することのない贈与[31]」を要求すると述べ、そこでは正義は経済の外部に立つことになり経済的循環が否定されるのである。前章でも議論したように経済的循環が断ち切られてはじめて人間性が回復されることになる。したがって、図2-4のモデルは、経済と社会の対立関係を解消して「人間の時代」を切り開くモデルになる可能性を秘めていると言えよう。

さらに、この問題をもう少し深く考えると、自己が他者に無限の責任を負うということは、他者も自己に無限の責任を負うということになる。したがって、図2-4は図2-5のように書き換えられる。このように無限責任の概念は相互的な概念である。たとえば、経営者は株主に責任を負うと同時に、株主も経営者に責任を負うことになる。最近は、ESG投資[32]に典型的に見られるように、経営者の責任だけでなく、株主の責任も徐々に問われるようになってきていることは、責任が相互的な概念であることから見れば、望ましい兆候かもしれない。ただし、この関係を一方にとっての責任を他方の責任が生じる

図2-5　責任の双方向性

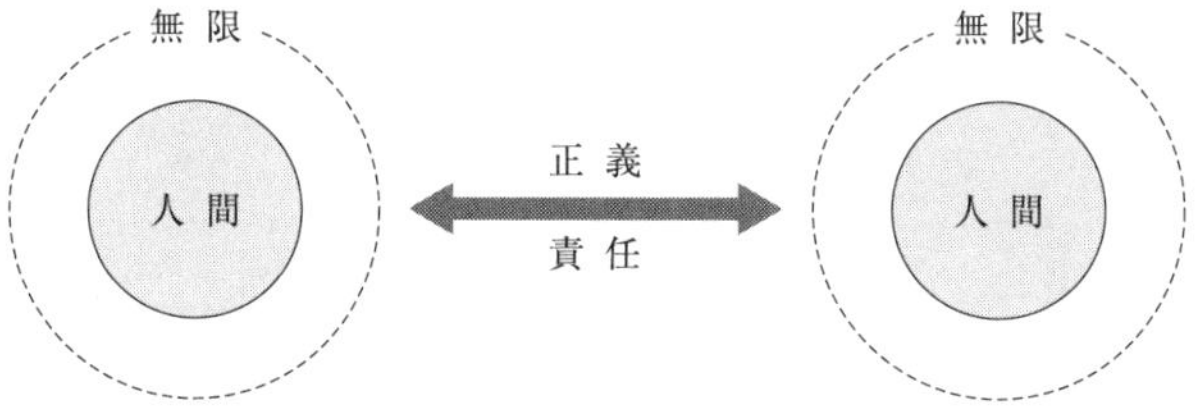

条件のように捉えては、問題の本質を見誤ることになる。すべての人間にとって、責任の無限性がまず存在していて、その結果として、無限責任が相互に作用するのである。

このように考えれば、自己にとって、他者は無限に存在するため、無限の責任とは、特定の他者に対する責任が無限であるだけでなく、他者そのものが無限に存在することになる。そこでは、特定の他者に対する責任と他者一般に対する責任が対立する事態も想定される。この問題はデリダ自身が深く考究し、晩年の著書『死を与える』で中心テーマとして扱ったものであるが、この特定の他者とその他の他者の責任をめぐる逆説は、究極的には、責任の無限性という外部においてしか「解決」できないことが示唆されている。この問題については後でもう一度詳しく検討するが、無限の責任を履行することは常に人間には解決不能な問題を孕んでおり、解決不能であることに対処するために人はどのように決断すればよいのかが問題となる。なぜなら、そうすることによってしか、解決不能なことに対して「解決可能な解」を提供してしまうような「失敗」を回避することはできないからである。

したがって、責任の無限性は解決すべき課題ではなく、解決すべき方向性を示す概念として理解されなければならない。そのために、前述のように「正義はわれわれに計算できないものを計算するように要求する」のであり、正義という無限を意識して計算し続けることが必要となる。これが他者に対する無限の責任に応えようとする道になる。デリダの思想を引き継ぐ哲学者ジャン＝リュック・ナンシーの言葉を借りれば、それは「有限なものにおける無限なものの現前であり、その開けである」[33]。そこに公共性の原理である複数性が現れるのである。アーレントが、「思考においてわたしは一人でありながら、二人に分裂して考えざるを得ないという意味では、そこにすでに複数性が孕まれている」[34]と指摘するとおり、自己が他者に対する無限の責任を自己の中に意識することで、複数性が成立するのである。

そこで自己に求められることは、他者に対する法（権利）に規定された有限の「責任」に応えるだけでなく、その背後にある無限の責任を意識することである。しかも、原理的に無限には到達することはできないし、実際に他者は無限に存在しているわけであるから、誰も「完全な他者」（the wholly others）に到達することができない。このような状態をデリダは「来るべき」[35]と表現する。つまり他者は自己にとって、存在をつかむことはできないが、「来るべき存在」として位置づけられることで影響を及ぼすのである。この「来るべきもの」がデリダの言葉で言えば正義であり、正義を意識して動き出すとき、そこにアーレントの言う公共空間が現れることになる。自己を起点に考えれば、自己を他者に近づけようとする無限の努力の中に、さらに無限の他者に対する責任の認識の中に、公共空間が成立することになる。これを無限のアカウンタビリティ関係とみなせば、あるコンテクストにおけるアカウンタビリティの履行者は、別のコンテクストではアカウンタビリティを受ける立場となり、自己と他者の立場は常に入れ替わることでアカウンタビリティは全体を覆うことになる。[36]

それではこのような無限の責任やアカウンタビリティを実際の経営の中に導入することはできるのであろうか。もちろん、経営者への実践的な指針として提示することはいつでも可能であろう。[37] しかし、無限のアカウンタビリティを実践に導入しようとしても、無限のアカウンタビリティには原理的に永遠に到達できない。したがって、それを目指して努力せよと言うだけでは、実践の指針としては十分ではないであろう。たとえ、不完全でしかないとしても、無限のアカウンタビリティを目指した活動の事例を示すことが必要であるし、それを支援する制度設計が求められる。もちろん、そのような制度は常に無限のアカウンタビリティを有限化してしまう危険性を孕むものであるが、その方向への努力を継続しない限り、「経済の時代」を「人間の時代」に転換することはできないであろう。制度設計の問題に関しては、次章以降で具体的に議論していくことにするが、本章では、もう少し理論的な問題を整理しておく必要がある。そこでまず考えなければならないのは、無限の責任という考え方を導入した場合に直面する、特定の他者への責任と他のすべての他者への責任が対立するという難問である。

会計の文脈では、特定の他者に対するアカウンタビリティとすべての他者に対するアカウンタビリティが対立するという難問に対して、どのようなアプローチが可能なのであろうか。デリダは、特定の他者の特異性とすべての他者の平等性に関して、次のように述べている。

「かりに価格の計算可能性や、市場や、お金が尊厳を脅かすとしても、これらはまた等価性および置換の原理として、あらゆる特異性の間の平等を保証するものでもあり、それゆえに二つの絶対的目的、二つの特異性のあいだでは選択できないという不可能性、そして、まさしくこれらのあいだで選択してはならないという道徳的禁止を保証するものでもある。[38]」

デリダは、貨幣による経済計算が、特定の他者に対する責任を履行すると同時に、すべての他者に対する責任の履行というアポリア（難問）を解決してくれる可能性があることが示唆している。たとえば、日常的に特定の他者に対して無限の責任をもって対応しなければならないわれわれにとって、突然の災害に見舞われた遠くにいる見知らぬ他者への責任まで全うすることは物理的に不可能である。しかし、貨幣があれば寄付という形で責任を履行する道が開けるのである。もちろん、そのときには、その計算が正しくなければならない。

このような考え方は、前章で引用したレヴィナスの貨幣に対する思考とも共通する。ちなみに、レヴィナスも、デリダと同様に特定の他者に対する責任とすべての他者に対する責任の両立がアポリアであることを認識し、この問題と格闘している。レヴィナス研究者の三浦直希によれば、レヴィナスは、「唯一の他者に対する無限責任＝無償の贈与という『慈愛』の水準と、すべての他者に対する限定的な責任＝公正な交換・分配という『正義』の水準[39]」を区別している。この区分はアカウンタビリティにもそのまま当てはめることができるであろう。それは、特定の他者に対する「慈愛のアカウンタビリティ」と、すべての他者に対する「正義のアカウンタビリティ」である。[40] 企業経営の文脈で議論するのであれば、特定の他者に対するアカウンタビリティは組織の現場で、すべての他者に対するアカウンタビリティは組織と社会の接点において、それぞれ典型的に生起する問題である。そこで以下で節を改めて、慈愛のアカウンタビリティと正義のアカウンタビリティについての考察を深めていくことにしたい。

4　慈愛のアカウンタビリティ——特定の他者へ向けて

経営史家アルフレッド・チャンドラーは、近代株式会社の生成過程を丹念に分析し、その生成史が経営管理システムの発展として歴史的に記述できることを明らかにした。[41] 一九世紀後半に成立した世界最初の大規模会社であった鉄道会社からフォード社およびデュポン社の取り組みを経て、近代的な経営管理システムは、一九三〇年代のGM社において一応の確立を見る。経営管理システムは、チャンドラーがアダム・スミスの向こうを張って書名に付けた「見える手」(visible hand) そのものであった。つまり、市場の見えざる手に対して、経営者は、組織を創り出してその中に経営管理システムという「見える手」を確立したのであり、それによって近代的な大規模会社が少数の（場合によっては一名の）経営者によって管理可能となったのである。もちろん、数千名、数万名を超える社員を管理することは大変な業務である。しかし、業務活動を分割して、それを数値化して評価し、指示伝達する手段さえ確立すれば、世界中で展開する事業でも、最終的には一つの場所にいる一人が管理できるのである。これを可能にする「見える手」が経営管理システムである。経営管理システムは利益指標を頂点とする会計管理の仕組みを中核に持っている。経営者は最終的な企業利益に責任を持つことから、どのような経営管理システムも金額ベースの管理を中心に構成されている。ちなみに、チャンドラーが近代的な経営管理システムのメルクマールとして注目したのは、投下資本利益率を頂点として、その構成要素に分解して管理するデュポン社のチャートシステムであった[42]。

管理の単位は、売上高でも、コストでも、利益でも可能であるが、いずれにしても何らかの金額に集約されることになる。もちろん、品質や環境のように金額で管理できない、あるいは管理しにくい業務も存在するが、それらもすべて営利組織の職能である以上、利益を追求する予算制約のもとで実施されている。そして最終的には会計責任として課せられることになる。すなわち、事業部長は、事業部の資源活用の権限を任される代わりに、事業部の利益責任を負い、同様の理由で、販売マネジャーは売上責任を、工程管理者はコスト責任を持つ。そして、その責任はそれぞれの部下へと垂直的に細分化されていくのである。これが組織内のアカウンタビリティであり、「組織的な筋金」である。

もちろん組織内のアカウンタビリティは金額情報だけに限らない。日本の職場でよく言われる「ホウレンソウ」(報告、連絡、相談)は、組織内における定性的なアカウンタビリティ関係を示すものである。上司と部下の関係は、上司が部下に指示して部下が上司に報告するという行為から成立しているわけであるから、企業という組織は無数のアカウンタビリティの集合体として見ることができる。したがって、経営者の使命である効率的かつ効果的な経営管理システムの構築とは、効率的かつ効果的な組織内アカウンタビリティシステムの構築と同義となる。たとえば、先に述べたデュポン社のチャートシステムも、より最近開発されたバランストスコアカード[43]も、投下資本利益率や財務的な戦略目標を頂点とする指標連鎖の仕組みであり、最終的な財務目標の向上を目指した垂直的な組織内アカウンタビリティの体系にほかならない。

しかし、近年このようなアカウンタビリティの考え方に、会計研究の領域で、強い批判が投げかけられるようになってきた。二〇〇九年に『会計・組織・社会』(*Accounting, Organizations and Society*)誌に、相次いで掲載されたジョン・ロバーツの論文とマーチン・メスナーの論文が代表的なものである[44]。ちなみに、ロバーツは一九八〇年代から第一線で活躍するシドニー大学の重鎮であり、メスナーは現在はインスブルック大学の教授であるが、当時は新進気鋭の研究者であった。この両者が二人とも、ほぼ同時に、哲学者ジュディス・バトラーの理論に基づいて、主に組織内部での管理のためのアカウンタビリティの限界を主張したのである。

バトラーは、ジェンダー問題を中心に積極的に発言する社会理論家として有名であるが、主体の形成に関する哲学者としても著名である。ロバーツとメスナーが依拠したのは、二〇〇五年に出版されたバトラーの『自分自身を説明すること』である。同書において、バトラーは、レヴィナスらと同様に、自己という主体が他者によって呼びかけられることで成立していることを前提としながら、そのような自己がどのようにして他者に対する責任を果たすことができるのかを深く考究した。そして、人間は自分自身について完全に理解することができないという「不透明な自己」(opaque self)という概念を示し、それを前提として責任を遂行すべきであると主張する。責任を履行するときに、一般に参照すべきとされる倫理は、時には主体に対して暴力的[45]に作用しうる。したがって、自分自身のことを完全に理解できないという理解に立てば、そのことを十分に考慮したうえで（つまり暴力的な要素を最小化するように）責任を遂行しなければならない。バトラーは社会における倫理が人間に対して暴力的に作用することを批判する。これは「倫理的暴力」と呼ばれ、倫理的暴力は全体利益と個別利益が乖離するときに個を全体に一致させようとして生じるもので、一九六〇年代にフランクフルト学派のテオドール・アドルノによって定式化された概念である[46]。したがって、バトラーは、「不透明な自己」を立脚点として、自己から外部に作用する暴力性を少しでも克服するように行動することを求める。彼女は、次のように主張する。

「（責任の意味を――引用者注）自分自身に対して完全に透明な自己といううぬぼれに結びつけてはならない。実のところ、自分自身に対して責任を取るということは、あらゆる自己理解の限界を率直に認め、それらの限界を主体の条件としてだけでなく、人間共同体の持つ困難として打ち立てることである[47]。」

不透明な自己という限界を認めることで、他者に対する責任の履行から生じる暴力性が緩和されるのであり、そうしてはじめてわれわれは赦されるとバトラーは同書の最後で主張する。しかし、われわれの問題意識にとって重要なポイントはそれだけではない。不透明な自己という認識は、他者に対する責任を果たすための起点となるだけではなく、バトラーが指摘するように、人間の共通の限界として共有することができる。これは、公共性を形成するための共通性の構成要素となりうるもので、公共空間を開く契機となる可能性がそこにある。

ロバーツとメスナーは、このようなバトラーの思考を会計の領域に持ち込み、自己が不透明である以上、完全な透明性やアカウンタビリティというものは不可能であり、しかもそのような要請は人間に対して倫理面でも暴力的に作用することを指摘し、組織や社会の中でアカウンタビリティの拡充がますます求められようとしている動向に強い警鐘を鳴らしている。ロバーツもメスナーもともに、自己がアカウンタビリティを提供する側面よりも、企業や管理者などの他者が過剰なアカウンタビリティを要求することが結局は機能不全を招来することを批判しており、その意味で自己が十分に説明できないことを主張したバトラーの理論を意図的に転倒させている面があることには注意しなければならない。しかし、彼らの論文は、アカウンタビリティを強化しようとする時代的な傾向に対する批判として、その後の会計研究に影響を与えることになる。

さらに、ロバーツとメスナーは単にアカウンタビリティにかかわる問題を批判するだけでなく、その対策も考えている。メスナーは、アカウンタビリティの要請と履行に伴う倫理的なギャップを克服するためには、アカウンタビリティを細分化して定義し、相互に対立するコンフリクトを分割して対応することで減少させることや、アカウンタビリティの履行者と受け手の間で責任の共有が必要なことを指摘する。しかし、これだけでは倫理的なギャップを排除できないので、それを最小化するために、コンフリクトやあいまいさに対する感度を醸成することを提唱する。一方ロバーツは、カント哲学者のオノラ・オニールが提唱するインテリジェントアカウンタビリティが、アカウンタビリティの限界（ロバーツの用語では「透明性の限界」）を克服する鍵を握ると考えている。オニールは、現代社会が、プライベートセクターのみならずパブリックセクターも含めて広範な領域で、非人間的な計数管理の仕組みがますます支配的となっている現状を批判し、人間を形式的な計数管理から解放することが必要であると主張している。そのための鍵概念がインテリジェントアカウンタビリティである。オニールは次のように説明する。

「インテリジェントアカウンタビリティとは、私が思うに、よいガバナンスにより多くの注意を向け、全体を管理しようとする幻想を減らすことである。よいガバナンスとは、財務および他の報告フレームワークの中で、特定のタスクごとに適切な自己ガバナンスの余地を認める場合にのみ、可能になるものである。そのような報告は、完全な標準化や妥協の余地のない詳細さによって改善されるものではなく、説明しなければならない多くのことは簡単には測定できないので、業績評価指標セットに要約することはできないと思われる。[48]」

要するに、インテリジェントアカウンタビリティとは、単に数字で説明するだけではなく、人間としての不完全性を十分に理解して、その理由や背景などを言葉で説明し、相互理解を目指すようなアカウンタビリティのことである。そこでは、対面での話し合いが重視され、自分の言い分を説明するとともに、相手の主張をよく理解することが必要になる。これはあいまいさに対する感度を上げよと主張するメスナーの指摘と方向性を同じくするものである。もちろん、このような方法を採用すれば倫理的暴力が解消されるわけではない。先にも述べたように、哲学的には根源的な暴力は解消不能であるから、暴力を解消するのではなく、最小化する方向でインテリジェントアカウンタビリティを理解しなければならない。もしも、暴力をゼロにする装置としてインテリジェントアカウンタビリティを捉えるならば、それは新たな暴力を生み出してしまうだけであろう。

このような主張は一見すると、経営管理システムにおけるインタラクティブコントロール（相互作用的な管理）の議論とよく似ていると思われるかもしれない。ハーバード大学のロバート・サイモンズが、不確実な状況下での戦略遂行において、インタラクティブコントロールの役割を強調してから[49]、管理会計システムがインタラクティブコントロールに活用され、パフォーマンスに影響を与えることが研究されてきた。管理会計システムは、診断型のリジットなシステムと思われがちであるが、目標の設定の仕方や運営次第で従業員間の相互作用を生み出し、内発的な動機づけを促進することがこれまでの研究から示されてきた[50]。たしかに、インタラクティブコントロールは非公式的な情報のやりとりも含むものであるので、インテリジェントアカウンタビリティの概念を含みうるものである。実際、メスナーやロバーツもその可能性を追求しているように理解できる。しかし、インタラクティブコントロールは、あくまでも管理の手段であり、その目的が経済的な利益追求にあれば、そこにインテリジェントアカウンタビリティと相反する側面が出てくることは避けられない。

経営管理システムの目的が利益だとすれば、インテリジェントアカウンタビリティの目的は何か。それは「慈愛」ということになるだろう。インテリジェントアカウンタビリティを貫く理念は、その人を少しでもよく理解しようとする姿勢であり、これは他者に対する慈愛にほかならない。企業経営の現場で慈愛など持ち出されても困ると思われるかもしれないが、そうではない。われわれが問題にしているのは、「経済の時代」をどのようにして、「人間の時代」に転換するかということであり、その基礎には慈愛くらいの人間の本質に根ざした概念を置かなければ、とても経済には太刀打ちできない。しかも、会社経営の中で愛という概念は決して珍しいものではない。多くの会社の創業者の理念や社訓の中には「愛」という言葉そのものがしばしば含まれている。たとえば、日本最大の企業グループの一つであるトヨタグループの「豊田綱領」では、その四番目に「温情友愛の精神を発揮し、家庭的美風を作興すべし」と謳われている。リコーグループでは、「人を愛し、国を愛し、勤めを愛す」という「三愛精神」が創業の精神となっている。たとえ明示的に「愛」という言葉を使用していないとしても、慈愛精神を反映した社訓は数多い。

それでは慈愛をベースにしたアカウンタビリティとはどのように構築できるのであろうか。オニールにしても、ロバーツにしても、メスナーにしても、現在の支配的な計数的管理を重視するアカウンタビリティに対する批判に比べて、新しいアカウンタビリティに関する主張は抽象的な次元にとどまっていることは否めない。しかも、インテリジェントアカウンタビリティは内容を特定化しようとすればするほど、慈愛の精神から遠ざかってしまう難物でもある。しかし、われわれの立場からすれば、図2-5に示したような双方向のアカウンタビリティを組織内でも定式化することを提唱したい。旧来のアカウンタビリティは、図2-1に示したように、何らかの資源や権限の委譲に対して発生する一方向のものであった。しかし、それでは無限のアカウンタビリティを履行するのは不可能であるばかりではなく、倫理的暴力という反作用まで強化してしまう可能性を持つ。その暴力性を緩和するために、できれば相殺するためにも、アカウンタビリティは常に双方向に作用するという原理を何らかの仕組みに反映させることが必要であろう。

アカウンタビリティが双方向で発生するということは社会常識から考えてもごく普通のことである。部下が上司に責任を持つ以上に、上司は部下に対して責任を感じていることはごく一般的なことであり、[51]これがまさしく双方向のアカウンタビリティである。したがって、よい上司は必ず双方向のアカウンタビリティを果たしているはずである。これは、利益追求のためにやっているのではなく、むしろ人間の責任として対応しているのではなかろうか。もちろん、このようなことは社会的な常識だから、改めて定式化するまでもないという主張もありえよう。しかし、一方向のアカウンタビリティが経済的利益追求目的のもとで強くなりすぎた現代社会においては、その反作用を軽減するためには、何らかの定式化もしくは制度化も検討すべきであろう。ただし、もし何らかの新たな定式化に着手するならば、それは常に新たな暴力を生み出す危険性を常に孕むことも十分に理解しなければならない。また、すでに指摘したように、このような双方向のアカウンタビリティを、どちらかを条件として成立するというような双務的な概念と捉えてもならない。無限の責任はそれ自体無条件で成立するものであるから、双方向のアカウンタビリティは結果として生じるものであって、決して他者の自己に対するアカウンタビリティを前提として、自己の他者に対するアカウンタビリティが生じるものではないからである。むしろ、このような因果の循環を停止させるところに、無限のアカウンタビリティの意義がある。

双方向のアカウンタビリティに加えて重要なことは、アカウンタビリティの展開方向である。伝統的なアカウンタビリティは資源や権限の流れに応じて設定されてきたから、どうしても垂直方向に作用する傾向が強くなる。しかし、無限のアカウンタビリティを前提とすれば、それは当然水平方向にも展開されなければならない。コロンビア大学のデイヴィッド・スタークは、ソフトウェア開発企業のような多様な知識を必要とする組織形態では、アカウンタビリティの水平的展開が必要で、それがイノベーションを創発することをケーススタディで明らかにしているが[52]、水平的なアカウンタビリティの展開は、イノベーションのためだけではなく、「経済の時代」の中で人間性を回復するためのアカウンタビリティとしては必須の方向性である。さらに、水平的アカウンタビリティは組織の壁を超えて、組織間にまで拡張することが求められることになろう。

水平的かつ双方向のアカウンタビリティが成立すれば、そこには前章で議論してきた公共空間が成立することが可能となる。双方向にアカウンタビリティが存在するということは、人間としての多様性を互いに認め合うことにほかならないからである。バトラーならば、「不透明な自己」という共通理解に基づいて空間を構成せよと言うであろう。このような空間が開けてはじめて、無限のアカウンタビリティの可能性が現実味を帯びることになる。アカウンタビリティを双方向化することによって、無限のアカウンタビリティを現実化することは、実際には実現困難な課題であるとしても、上述のような理路を経れば、到達へ向けた道筋を示すことができる。

しかし、このような議論は、特定の他者を対象としてのみ可能になることなのであろうか。そうであれば、無限のアカウンタビリティとはいえ、特定の集団内の閉鎖的な現象となってしまい、むしろ社会全体の公的な空間を狭めてしまうことになる。組織内の取り組みだけでは限られた私的空間の中の「公共性」に資するものであり、その意味で根本的な限界がある。[53] したがって、この問題を考えるためには、特定の他者を対象としたアカウンタビリティに加えて、すべての他者を対象としたアカウンタビリティが同時に構想されなければならない。

5　正義のアカウンタビリティ——すべての他者へ向けて

特定の他者への責任とすべての他者への責任が矛盾することとは、責任の究極のアポリアとして認識されてきた。デリダは、旧約聖書の「創世記」における「イサクの燔祭」を題材にして、異なる他者の間で相反する責任の問題を深く掘り下げている。[54]「イサクの燔祭」とは、アブラハムが神から自分の息子であるイサクを生贄にせよという命令を受け、イサクにも妻にも秘密のまま、モリヤ山でイサクを犠牲にしようとするのであるが、犠牲にしようとしたその瞬間に神の使いがそれを止めるという物語である。神という特定の他者への責任を果たすために、イサクや妻というその他の者への責任が犠牲にされそうになるのであるが、デリダは、何の見返りも欲しないアブラハムによるわが子の神への贈与という行為が最終的に神によって助けられるところに、アポリアを解決する鍵を見つける。つまり、これは不可能なこと（特定の他者への責任とそれ以外の他者への責任が両立しないこと）は、不可能なことを実行しようとすること（完全な贈与を実行しようとすること）によってしか、解決しないことの暗示なのである。

デリダは、その後期の思想において、贈与やそれを展開した概念である歓待に関する思想を深めており、「留保なき贈与を提供する絶対的な歓待[55]」が、経済的な循環を超える可能性を持つことを主張している。デリダの翻訳書もある法哲学者の堅田研一は、デリダの歓待の思想を、アーレントやハーバーマスの公共性論を基礎にしながら、それを超えた思想であると指摘している[56]。つまり、デリダの歓待の思想では、アーレントやハーバーマスで重要であった言葉による討議を超えた地点（歓待や贈与には言葉は不要）を示している点で、新しい公共性の地平が開かれていると考えられる。もちろん、完全な責任と同じで、完全な贈与や完全な歓待（すなわち「留保なき贈与を提供する絶対的な歓待」）を実現することはできない。しかし、その思考を維持することの根本的な重要性をデリダは主張するのである。

この問題について会計の立場からはどのようにアプローチできるであろうか。前節で考察した慈愛のアカウンタビリティが成立すれば、その可能性の一部は開けるであろう。しかし同時に、すべての他者を対象とすることは不可能なことに気づかなければならない。この特定の他者とすべての他者との関係は、前節で見た個別性と全体性、特異性と普遍性の問題であり、両者を結びつけようとすれば、そこでは前述のように倫理的暴力が不可避的に発生してしまう。したがって、それを最小化するための何らかの手段もしくは制度が必要になる。その手段について、デリダは、「お金や価格の可能性、すなわち等価性の原理こそが、同時にまた差異を中立化して尊厳ないし普遍的権利としての純粋な特異性に到達することを可能にするものでもある[57]」と述べ、貨幣計算の可能性を示唆している。

この問題についてもう少し深く考察するために、前章で引用したレヴィナスに再び登場してもらおう。レヴィナスは、晩年の主著『存在の彼方へ』において次のように述べている。

「隣人に接近するとき、私は第三者にも接近する。隣人および第三者に接近する私は、隣人と第三者との関係にも無関心ではありえない。比較不能なものの間に存するような正義が必要である[58]。」

アリストテレスは、不正とは不均等を意味し、正義とは均等を意味するとして、貨幣が均等化するための手段であることを論じている[59]。レヴィナスが議論していることもこの問題である。レヴィナスが、一九五四年の論文で、この「比較不能なものの間に存するような正義」として、貨幣による計算を議論していることは、すでに前章で説明したところである。彼はその約三〇年後の一九八六年にベルギー貯蓄銀行に招かれ、講演で、貨幣と正義の関係を次のように主張している。

「良き政治への回帰、知への回帰。これらすべては正義を起点としており、正義の要請は他人の顔に刻印されている。まさにこうしてわれわれは、正義の名において、再び貨幣へと、運用される貨幣へと、他者のために運用されるべき貨幣へと、価値を有する者の一切の同質性へと、かくして正しい計算であり続ける正義の可能性へと導かれた。それは計算可能性としての貨幣の価値への回帰である[60]。」

つまり、レヴィナスによれば、すべての他者に対して責任を果たすためには、すべての他者に対してその責任を明確にすることが必要であり、そのための手段としては貨幣による計算しか考えられないということになる。当然のことながら、そのときの計算は、私利私欲に従うものであってはならず、「正義の計算」でなければならない。たとえば、国家が税を徴収して分配することは、この正義にかなっていなければならない。しかし、レヴィナスは同時に、「計算には、慈悲に比してまた慈愛の自発性に比してすでに欠けるところがあることも認知せねばならない[61]」とも指摘し、貨幣による計算が正義とは完全に重ならないことも認識している。そのため、貨幣による計算は、その限界を常に認識し、改善され続けなければならないことを、レヴィナスはさまざまな表現で補っている。ロジェ・ビュルグヒュラーヴは、レヴィナスの貨幣や経済に関する論考を論文としてとりまとめ、そのタイトルを「貨幣とつねに改善される正義[62]」と名づけたが、このタイトルはレヴィナスの貨幣や計算に対する姿勢を端的に物語っている。

レヴィナスの正義や計算に関する考え方は、本章で議論してきた無限責任の考え方と構造的に同じである。正義というものには永遠に到達することはできない。しかし、無限に存在する他者に対する責任を果たすためには、その「責任」を計算しなければならない。そのときに特異性の間の等価性を保証する貨幣による計算は、その目的を担うことになる。正確に言えば、貨幣に基づく計算しか、その役割を担えない。しかし、計算は決して正義そのものを表現することはできないので、そのことを理解したうえで計算しなければならない。したがって、計算は正義に近づくように常に改善されなければならないのである。

貨幣による計算は単なる計算にとどまるのではなく、常に分配もしくは配分という結果を伴う。哲学では明確に区別されているわけではないが、経済学や会計学では分配（distribution）と配分（allocation）は異なる概念である。分配とは、何らかの方法で得られた原資（多くの場合は貨幣）を対象者に分けることを主眼としているのに対して、配分とは、何らかの目的で資源（貨幣だけに限らない）を異なる対象に割り当てることを意味する。たとえば、資金や人材をプロジェクトに振り向けることは配分であるのに対して、利益を分けるのは分配である。会計には前章で説明したように期間という概念があるから、どの期間に割り当てるかは配分の問題になり、その期間の成果が分配される。いずれにしても、分配原資は何らかの配分の結果もたらされることになるため、正義は分配の局面だけでなく、配分の局面にも作用するものでなければならない。

問題が正義と分配にかかわる以上、分配の正義を公正としての正義として論じたジョン・ロールズの正義論に言及しないわけにはいかないであろう。周知のように、ロールズは反功利主義の立場から二〇世紀後半に正義論を再構築した哲学者である。ロールズは分配的正義の中心的な原理として、「最も不遇な人びとの最大の便益に資するように、社会的・経済的不平等は編成されなければならない[63]」という格差原理を提唱した。これは、最悪の状態を改善することを最優先するマキシミンルール（ロールズはこの名称を拒否しているが）として広く知られており、正義に基づく分配の指針として多くの支持と批判を巻き起こし、特にリベラリズムの政策決定に大きな影響を及ぼしてきた。

しかし、われわれの立場からすれば、ロールズの正義論は、最も恵まれない人々の状態が識別でき、それを改善できると想定する時点で、そこで問題とされる正義は計算可能な「正義」であると理解される[64]。デリダの分類に従えば、計算可能な法（権利）の範疇に属する。もちろん、正義は何らかの方法で計算しなければ現実に影響を及ぼすことができないものであるから、ロールズのアプローチはその意味で重要な意義がある。しかし、われわれが対象としている問題は、「正義に基づいて、いかに計算するか」ではなく、「計算できない正義に（計算によって）いかに接近するか」である。

議論を、貨幣計算の問題に戻そう。分配の問題は、まずマクロ的には国家による分配が想定されるかもしれないが、ミクロ的には貨幣計算の実施されるところには常に何らかの配分もしくは分配が生じている。前章において市場が人間の純粋な意思決定によって構成されているのではなく、実際には無数の計算の束によって構成されていることを指摘した。そこでは、人間の意思決定は、その決定に先立って存在している何らかの計算式に依拠している。したがって、正義の観点からすれば、その計算一つ一つの局面で正義が問われなければならないことになる。

逆に言えば、計算の正義を十分に吟味しないままブラックボックス化して、それを「市場」と称して過度に依存した結果、貧困や経済格差の拡大、地球環境破壊、金融リスクの高まりなどの問題が生じるようになってしまったのである。これらはすべて市場による配分・分配の結果ではなく、実際には無数の計算によって生じた配分・分配の結果なのである。したがって、計算の正義を指向するためには、計算を支配する経済の論理を超える必要がある。ちなみに、ポストモダンの哲学者ポール・リクールは、正義が配分的正義と一致するためには、配分の観念に経済の領域をはみ出す広がりが与えられていることが前提となると述べている[65]。それでは、この問題を会計の文脈で考えれば、どのような会計実践が必要とされるのであろうか。

会計計算の基本機能の一つに利益分配機能があることは本章の冒頭で説明したが、われわれの観点からすれば、利益の分配が正義の計算にかなっているかどうかが、重要なポイントになる。しかも、すべての他者という視点に立てば、最初に利益の分配がすべての他者（少なくとも企業がかかわっているすべての他者）を対象としているかどうかが問われなければならない。現行の支配的な会計制度を前提とすれば、その答えは否である。会計学の基本テキストを紐解けばすぐにわかることであるが、会計が算出する純利益とは株主に対する分配可能利益であって、企業にかかわるすべての他者を対象とするものではない。それどころか、サプライヤーに対する購入代金、従業員に対する給料、債権者に対する利息、社会一般への寄付金、政府への税金を控除した残額が、分配可能な利益額なのである。つまり、株主への分配以外は、利益ではなく費用となる。したがって、現行の会計制度は、株主および潜在的な株主である投資家に対する「正義」の会計として追求することは理論的には可能であっても、そのままの計算方法では、すべての他者を対象とした正義の会計には構造的になりえないのである[66]。

なお、分配と会計が関係するのは、配当可能利益を規定する会社法会計や課税所得を決める税法会計だけではない。国際財務報告基準に基づく会計や、日本の金融商品取引法に基づく会計は、投資家への情報提供を主目的とするが、それは投資行動に影響することで社会的な資源配分を変化させ、結果として経済的な分配と関係するのである。しかも、このような情報提供のための会計は、企業の将来的なキャッシュフローの獲得能力を財務諸表に反映させることを重視としているが、その評価が実際の資源配分と無関係であっては意味をなさない。評価とは単なる机上の予測ではなく、すでに将来の配分を想定した予測なのである。そこにはパフォーマティビティと呼ばれる、現実遂行能力が備わっている[67]。つまり、会計の評価方法が将来を形成する力を持つのである。その意味で、情報提供のための会計も、間接的に投資家の資源配分に影響を与える側面を超えて、実質的な配分およびその結果としての分配と密接な関係を持ち、そこに正義の視点から議論されるべき課題が存在している[68]。

一方、現行の株主利益中心の会計に対して、制度化されているわけではないが、すべての利害関係者を対象とした付加価値会計（付加価値計算書）という会計も存在する。株主中心会計と付加価値会計の基本的な計算構造を示せば、表2-1と表2-2のようになる。付加価値会計は株主中心会計とは異なり、企業が生み出した付加価値をその創出に関与した利害関係者にどのように分配したかを示す会計である。

たとえば、日本の現行会計では、従業員への支払額は売上原価や販売費・一般管理費等の中に、資本提供者への支払いは営業外費用と当期純利益からの分配項目の中に、政府への支払いは法人税等の中に含まれており、株主を対象とする分配項目以外はすべて、当期純利益からの控除項目、すなわち費用として認識されている。一方、付加価値会計では、これらをすべてステークホルダー別に分離して、費用ではなく価値の構成要素、すなわち、付加価値の分配項目とみなすのである。

付加価値会計は現行の株主中心会計の損益計算書を組み直したものに過ぎないが、株主と他の利害関

表 2-1　株主中心会計

売上高	×××
売上原価	×××
売上総利益	×××
販売費および一般管理費	×××
営業利益	×××
営業外収益	×××
営業外費用	×××
経常利益	×××
特別利益	×××
特別損失	×××
税引前当期純利益	×××
法人税・住民税および事業税	×××
当期純利益	×××

表 2-2　付加価値会計

売上高	×××
購入材料・サービス等	×××
付加価値	×××
従業員等への支払額（給与・報酬）	×××
資本提供者への支払額（利息・配当）	×××
政府への支払額（納税額）	×××
企業留保利益	×××

注：付加価値会計の様式にはさまざまな方法があるが，ここでは最も簡略化して示している。付加価値会計の詳しい議論については，山上（1984）等を参照されたい。

係者を平等に扱うという意味で「正義」の会計により近い計算方法かもしれない。付加価値会計は一九六〇年代から七〇年代にかけて、企業における労働者の権利の拡充を背景として、西ドイツ、フランス、イギリスなどで、一時注目された時代がある。日本でも、かつてはいくつかの付加価値統計が出版され、それなりに社会的に認知されていた。当時の付加価値会計は、資本主義国家と労働者の国を標榜する社会主義国が隣接していた世界において、資本主義側の経営者が労働者への分配を適正にするための手段として位置づけられており、労資（労使）交渉においてそれなりの機能を果たしていた。しかしその後、社会主義国の多くは崩壊し、経済のグローバル化が拡大する中で、集団としての労働者のパワーが減衰し、賃金決定の権限も経営者から市場に移行するようになるにつれ、付加価値会計自体がその社会的有用性を喪失するようになってしまった。

また、付加価値会計自体も、すべての利害関係者を対象とすると標榜しながらも、実際には労働者への分配を中心とする計算実践であり、その意味で、すべての他者を対象とする「正義の会計」としては不完全なものである。この点について、現在、企業に対する社会環境情報開示の基準として、国際社会で最も一般的に準拠されているGRIスタンダードでは、経済パフォーマンス情報の開示項目として、「直接的経済価値の創出と分配」を開示するように求めている。[69] GRIの「直接的経済価値」とは会計的には収益（売上高）を意味し、この「価値」から売上原価を含む事業コスト、従業員への給料や福利厚生、資本提供者への支払い、政府への支払い、地域社会への投資が分配され、分配後の差額が留保されると説明する。また、この「直接的経済価値の創出と分配」は、重要な場合には、国別、地域別、市場別に開示することが要請されている。GRIの基準は、サプライヤーへの支払いに相当する「事業コスト」が分配した経済価値の中に入っている点で、従来の付加価値会計よりも対象とすべき他者の範囲は拡張されている。しかも、地域社会への投資という項目が追加されており、ここには社会一般への寄付や資金援助が含まれる。

しかし、付加価値会計もGRIの「直接的経済価値の創出と分配」も、単なる計算の結果を示した計算書に過ぎない。株主を中心的な対象とする既存の会計計算書である財務諸表も、計算書ができた時点では結果に過ぎない。したがって、そこで示されている会計計算をできる限り正義に沿うように仕向けるためには、最終段階の財務諸表や付加価値計算書を議論するだけでは意味は少なく、すべての会計実践の中で実行されている配分および分配の側面において正義が貫かれる必要がある。そのようなことは非常に困難と思われるかもしれないが、日々の契約や会計処理の一つ一つを経済効率の観点から吟味することは日常的に行われていることなので、理論的に考えれば、そこに正義の視点を導入することは可能であろう。

だが、会計基準が許容する範囲内で判断しているだけでは、正義には到達しえない。ではどうすればよいのか。デリダの哲学理論を会計研究に導入して議論を展開しているグラスゴー大学のジョン・フランシス・マッカーナンは、カタリーナ・コスマラとの共同論文において、会計が無限の正義や責任に対応するためには、「会計実践におけるルール依存主義からの継続的な解放と、判断の適切な役割を認識した段階的な制度的変化」[70]が必要であると主張する。しかし、ルール依存主義からの継続的な解放がどのようにして達成できるのかまでは論じられていない。会計のルールから逸脱することは非常に大きな社会的不整合を生む危険性を常に孕んでいる以上、安易な解放は難しいであろう。代替的な会計手法を容認するというような選択肢が考えられるかもしれないが、いくら代替的な手法を容認しても最終的な利益に収束するのであれば、経済的な一元化の枠内での話に終わってしまう。

したがって、ルールからの解放を目指すのではなく、現状のルールは原則的に維持しながら、ルールや目標を複数化することで単一のルールからの相対的な解放を目指すべきではなかろうか。単一のルールとはもちろん経済のルールを意味するから、経済以外の目標を導入することが求められることになる。つまり、複数評価原理を導入することで間接的に正義を追求できる機会を増やすという方法が、完全ではないとしても現実的に採用しやすい解決策ではないかと考えられるのである。しかも、公共性の根拠が複数性にあることを考慮すれば、正義の概念も当然複数化する[71]ことが想定されるのであるから、その意味でも複数評価原理は正当化されると考えられる。

もちろん、ロールズの分配的正義の議論のように、社会的な公正を目指して、会計基準のあり方を検討することは重要で、そのための努力は継続されなければならない。たとえば、高すぎる経営者報酬が社会的に問題にされ、それが財務報告書で開示されるようになったことは[72]、コーポレートガバナンスの問題の範囲を超えて、一つの正義の現れであるとも言えるであろう。重要なことは、財務報告の基準や規則に、正義の観点を反映させるような社会的な要求をどのように醸成するかである。ただし、正義が到達不可能な概念であることを前提とすれば、正義を追求せよというだけでは原理的に必ず失敗することになる。

人類の歴史において、特定の「正義」の旗印のもとで多くの殺戮や弾圧が繰り返されてきた事実は、枚挙にいとまがない。正義は到達できないものであるという理解を忘れてしまうと、到達可能な「正義」を基準にすべてを断罪してしまうという暴挙を許してしまいかねない。これは愛についても全く同じことが言える。したがって、正義や愛を定義せずに人間の外部に倫理としておいて、その方向性を追求するしかない。そのためには、正義や愛の方向へ向けて実践を喚起する動的な制度や手段を開発する必要があり、単一評価を基礎とする伝統的な会計制度設計を、複数評価の方向へ向けて再構築することが求められる。

哲学者ジル・ドゥルーズが指摘するように、制度とは人間が本来持っている傾向性を支援するものである。[73] レヴィナスやデリダが生涯をかけて論じたように、責任や正義が本来的に無限のものであるとすれば、それを人間社会で追求するためには、何らかの制度が必要となる。もちろん、これまでは道徳や宗教がその役割を担ってきたことは事実であるが、経済が支配する現代社会のもとでは、道徳も宗教も著しく力を弱めてしまっている。一方で、その反動としての原理主義の台頭に苦しめられている。会計計算は、レヴィナスが期待するように、貨幣計算として正義の計算を追求する手段になる可能性はあるものの、既存の計算方法やその修正だけでは正義を議論する場面にすらたどり着けない。経営者も、現行の会計制度のもとでは、無限責任に基づく正義のアカウンタビリティを履行することなど、とてもできないと感じるであろう。レヴィナスも、デリダも、計算の重要性を繰り返し強調するが、制度としての側面に関してはほとんど何も語っていない。本章で引用してきたロバーツ、メスナー、マッカーナンのような会計学者の論考でさえ、具体的な提言には乏しい。会計計算という制度を議論するためには、まず計算という実践がどのような本質を有するのかについて理解する必要がある。そして、公共性の根本原理が複数性にあるとするならば、そして経済とは異なる愛と正義の起点がそこにあるとすれば、計算にも複数性の原理を応用することが求められる。次章ではこの問題を検討していきたい。

注

1 デリダ（1999/2004）p. 61.

2 伊藤（2016）p. 46.

3 たとえば、山本清は、社会統治の観点からアカウンタビリティを狭く定義するユトレヒト大学のマーク・ボーヴェンスの議論（Bovens, 2007）を参照して、アカウンタビリティを、「自己の行為を説明し、正当化する義務であり、説明者は懲罰を受ける可能性を持つもの」（山本，2013, p. 49）と定義し、関係者に事情を説明するという意味合いの「説明責任」とは異なると主張している。

4 ちなみに、アカウンタビリティとは会計および経済的な現象のみならず、物事を説明可能にするという人類一般に見られる現象でもあり、文化人類学の世界でも研究が進んでいる。たとえば、文化人類学者の森田敦郎は、アカウンタビリティを「監査的アカウンタビリティ」と「日常的アカウンタビリティ」に区別し、「日常的アカウンタビリティ」が「監査的アカウンタビリティ」に巻き込まれていく条件を考察している（森田，2009 参照）。この点での会計・監査の思考と人類学の思考の交差については、堀口（2016）も参照されたい。

5 井尻（1975）p. 49.

6 社会環境会計（social and environmental accounting）とは、伝統的な会計に社会や環境問題を接合しようとする会計の一領域で、グレイは自身の所属大学（ダンディ大学、グラスゴー大学、セントアンドリュース大学）において、Centre for Social and Environmental Accounting Research（ＣＳＥＡＲ）を設置するなどして、「社会環境会計」という新しい領域を開拓してきた。

7 たとえば、Gray *et al.*（1987；1996；2014）などを参照されたい。

8 吉田（1978）。

9 日本での環境アカウンタビリティへの展開については、飯田・山上（1998）、國部（1999）等を参照されたい。

10 ISO26000（2010）3.3.1.

11 ＧＲＩ（Global Reporting Initiative）は、サステナビリティ報告の国際的な促進を目的として、一九九〇年代末に設立された国際的なＮＧＯで、オランダ・アムステルダムに本拠を置く。ＧＲＩが発行する「サステナビリティ報告ガイドライン」は、法的拘束力はないものの、多国籍企業の多くが準拠もしくは参考にしている。なお、二〇一六年一〇月に、上記ガイドラインの改訂版「ＧＲＩスタンダード」（GRI, 2016）が発行された。次章も参照。

12 GRI（2016）101.

13 Arendt（2003）pp. 157–158/pp. 206–207.

14 この点について、かなり早い段階で理論的に主張したのはパワーである。パワーは、グレイらの社会的アカウンタビリティ理論には、会計専門技術の構成的影響が認識されていないと指摘し、主に専門技術の偏向的な特徴を鋭く批判している（Power, 1991）。

15 たとえば、Messner（2007）を参照。

16 フーコー（1975/1977）.

17 フーコー（2004/2008）.
18 Porter（1995）p. 89/p. 130.
19 Porter（1995）p. 90/p. 130.
20 Porter（1995）p. 196/p. 256.
21 Derrida（1996）p. 86/p. 166.
22 このような責任の無限性に関する哲学的な議論は、デリダ自身が言及しているように、聖書における原罪意識に源流を持つ（デリダ＝ナンシー、2004/2006）。しかし、デリダの議論は、宗教的というよりも、むしろ支配的な宗教が減衰した状況での正義や責任を対象とするところに主眼がある。
23 デリダ（1989/1996）p. 182.
24 Derrida（1996）p. 86/p. 166. この書はデリダが一九八九年と一九九〇年にアメリカで行った講演をもとにしており、当初は英仏対訳の形で発表されている。本章での引用箇所では、英語版の Derrida（1992）に依拠して訳文を一部変更したところがある。ただし、邦訳書はフランス語版の訳となっている。
25 アーレントの公共性とデリダの脱構築の思想的な親近性については、梅木達郎が詳細な考察を行い、以下のように関係づけている。「どちらも自己同一性への閉塞を批判し、むしろ他者へと開きながら自己関係を解体しようとする。あくまで自己中心的であろうとする主体を、複数の他者のあいだに置き、他なるものへとさらけ出す。自己が、他者との共在のなかでしか自己たりえないことについての問題提起という点で、脱構築と公共性ははるかに呼応している」（梅木，2002，はしがき）。
26 デリダは「暴力と形而上学」（デリダ、1967/2013 所収）においてレヴィナスの『全体性と無限』に対する批判を行い、レヴィナスはそれを受けて『存在するとは別の仕方で』（邦訳文庫版のタイトルは『存在の彼方へ』）を書き上げる。レヴィナスとデリダの哲学的な交渉に関しては、吉永（2016）が参考になる。
27 瀧川（2003）pp. 151–153.
28 法（権利）は英文原著（Derrida, 1996）では law（droit）と示されているが、これは実際の法律そのものだけを指すのではなく、何らかの法や規則あるいは慣習に則って規定されている権利一般も含むと解釈される。

29 川谷茂樹は、このようなデリダの正義と法の峻別の視点にカントの影響を見る。カントは、道徳性と適法性を峻別したが（カント、1788/2013）、デリダの議論もカントと同じ構図になっていると指摘する（川谷、2009）。

30 Derrida（1992）p. 16/p. 39.

31 Derrida（1992）p. 25/p. 63.

32 ＥＳＧ投資とは、環境・社会・ガバナンス（environment, social, governance）を重視した投資を意味し、株主・投資家が金銭的なリターン以外も考慮した投資を指す。二〇世紀後半からその投資総額は増加傾向にある。

33 ナンシー（2008/2012）p. 143.

34 Arendt（2003）p. 106/p. 128.

35 デリダの有名な言葉である「来るべき民主主義」はまさにこのような意味で提起されたものである（デリダ、2003/2009）。

36 バージニア工科大学のエドワード・ワイスバンドは、このような相互依存的かつ相互反復的なアカウンタビリティのパターンが、ポストモダン時代の公共倫理を形成するとして議論を展開している（Weisband, 2007）。このようなアカウンタビリティの位置づけについては、堀口（2012）を参照されたい。

37 たとえば、経営学者の岩田浩は、デリダの責任の無限性を経営者のための実践哲学の一つに位置づけている。岩田（2016）第七章参照。

38 デリダ（1992/1995）p. 109.

39 三浦（2005）p. 27.

40 ただし、正義と愛についてもう少し詳しく議論をすれば、アリストテレスは『ニコマコス倫理学』第五巻第五章において公民の間の配分的正義と個別の人間関係の不正を正すための匡正（矯正）的正義を区分している

（アリストテレス、1971-73、上）。それに従って、瀧川（2003）は、配分的正義と匡正的正義と愛に三区分し、応答責任は愛と匡正的正義をその価値とし、負担責任は配分的正義を価値とすると、責任と正義の関係を説明する。ただし、匡正的正義および個人間の正当な交渉に関する交換的正義は、アカウンタビリティの全領域とかかわるため、本書ではこの区分を採用していない。

41　Chandler（1977）．本書では、純粋に企業内のシステムを指す場合は「経営管理システム」と呼び、社会統治のメカニズムとしての意味を含む「管理システム」とは原則として区別している。

42　デュポン社のチャートシステムとは、投下資本利益率を売上高営業利益率と資本回転率に分解してその構成要素を管理するシステムで、同社では一九二〇年代ごろから活用され、その後、近代的な経営管理システムの原型となった。國部（1994）参照。

43　「バランストスコアカード」とは、ハーバードビジネススクールのロバート・S・カプランがコンサルタントのデヴィッド・ノートンとともに開発した業績評価システムで、「財務的視点」「顧客の視点」「社内ビジネスプロセスの視点」「学習と成長の視点」という四つの指標群から業績評価する仕組みである。多数の評価指標を利用しているが、最終的には戦略的な財務目標に収斂するように体系化されている（Kaplan and Norton, 1996）。

44　Roberts（2009），Messner（2009）．

45　ここで言う「暴力」とは主体の形成にかかわる一種の「力」のことであり、これが本来の「自己」とは相違する意味で「暴力」的に作用するとされる。その意味で、他者は自己に対する根源的な暴力である。暴力の哲学においては、このような暴力を解消することはできないので、できる限り最小化するように社会を設計するにはどうすればよいのかが主題となる。なお、会計研究にこのような視点を導入した研究として中澤（2016）および中澤ほか（2014）がある。

46　アドルノ（1996/2006）は、「人間の意識の状態と社会的生産力の状態とがこの集合的観念（倫理や道徳——引用者注）からすでに乖離しているとき、この観念は暴力的抑圧的様相を帯びます」（p. 36）と主張している。

47 Butler (2005) p. 83/p. 156.
48 O'Neill (2002) p. 58.
49 Simons (1995) ch. 5.
50 このあたりの研究動向の概観を得るには加登ほか（2010）や谷ほか（2010）が参考になる。
51 管理会計研究者の澤邉紀生は、このような感情の重要性に注目し、目的感情構造という視点から会計実践を分析している。普遍的理念である公共性と経験的現象である感情は一見すると対極に位置するように見えて、人類という種族の共通性に根ざしている可能性がある。澤邉（2017）参照。
52 Stark (2009).
53 経営学者の鈴木竜太が主張するように、組織を一つのコミュニティとみなしてそこでの公共性の醸成を奨励することを、筆者は否定するものではなく、むしろ肯定するものである。ただし、そこでの公共性は社会全体の公共性と連関している必要があり、その仕組みを考えるのが本書の目的である。鈴木（2013）参照。
54 デリダ（1999/2004).
55 デリダ（1997/1999）p. 137.
56 堅田（2009）第五章。
57 デリダ（1992/1995）p. 109.
58 レヴィナス（1974/1999）p. 53.
59 アリストテレス（1971-73）上、第五巻第五章。
60 レヴィナス（1997/2003）pp. 104-105.
61 レヴィナス（1997/2003）p. 105.
62 この論文はレヴィナス（1997/2003）に収録されている。
63 Rawls (1999) ch. 2. これはロールズの正義の第二原理である。
64 ちなみに自由主義の経済学者フリードリヒ・ハイエクは、「社会的正義に基づく分配」を厳しく批判するが、そこで対象とされる「正義」も何らかの方法で（ハイエクの言葉を借りれば市場の自生的秩序とは無関係に）規定された「正義」である。Hayek（1976）ch. 9参照。

65 リクール（2008/2014）p. 180.

66 ただし、株主・投資家が自己の利益のみを追求するのではなく、社会的な正義も同時に追求するのであれば、社会の枠組みは変わるであろう。責任投資（responsible investment）と呼ばれる投資行動はその実現を目指している。水口（2013）参照。

67 國部（2017a）p. 20.

68 この点についての会計と正義に関するより詳しい議論については、國部（2017b）を参照されたい。

69 GRI（2016）201.

70 McKernan and Kosmala（2007）p. 732. マッカーナンは二〇一二年の論文においても、デリダの理論に依拠して特定の他者とすべての他者の問題を中心にアカウンタビリティについて論じている（McKernan, 2012）。なお、デリダ哲学の会計研究への応用に関しては、増子（2013；2014）も参照されたい。

71 人間それぞれの社会的背景の特定性を重視し、特定主義者（particularist）を自認する哲学者マイケル・ウォルツァーは、配分における複合的平等という概念を導入し、正義には複数の水準が存在しているとして、ロールズの正義論を批判する。Walzer（1983）参照。

72 ちなみに、日本では二〇一〇年に有価証券報告書において報酬総額一億円以上の役員について個別開示が要求されるようになった。

73 ドゥルーズ（1953/2010）.

第3章 複数評価原理の会計は可能か

価格をもつものは、別の等価のものと取り替えることができる。これに対してすべての価格を超越しているもの、いかなる等価のものも認めないものは、尊厳を備えているのである。

――イマニュエル・カント『道徳形而上学の基礎づけ』[1]

1 測定・評価対象としての価値

経済という一元的世界から、多様な人間の世界を取り戻すためには、経済という一元的評価を突き崩すことが求められる。そのためには経済以外の何らかの複数評価の原理を現在のシステムの中に移入することが有効である。その方法として、経済現象の具体的な表現形式である会計計算を複数評価へ転換することが考えられる。実際、新しい評価指標を会計の中に導入したり、創り出したりすることは難しくない。むしろ、会計はその点で極めて柔軟な技術であり、これまでも多様な評価方法を生み出してきた。しかし、そのようにして開発された多様な評価方法が、経済的な価値の概念を超えるものかどうかは、多くの場合別の問題である。われわれの立場からすれば、一見すれば「複数評価」であっても、最終的に経済的価値に収束するならば、それは一元的評価の枠内にとどまると理解される。

したがって、複数評価原理の会計によって世界を変えるためには、経済的な評価を超えて、実践に根拠を持つ新しい評価手法を確立して、その結果として導出される指標を活用することが必要となる。机上の理論として構築するだけであれば、いくらでも新しい評価手法や指標を創り出すことはできる。しかし、それだけでは実践に影響を及ぼすことは不可能である。むしろ、すでに実践の中に潜在している要因を代替的な会計手法によって顕在化させて、社会に問うプロセスが求められるであろう。そのためには会計という測定・評価[2]プロセスの意味を正確に理解しておくことが必要である。会計が測定している対象は何なのか。それをどのように計算するのか。その結果は社会に対してどのような影響を及ぼすのか。この一連のプロセスを理解しなければ、複数評価原理の会計といっても効果的な議論はできないであろう。そのためには前章と同じく最も基底にあるポイントからスタートする必要がある。それは会計測定・評価の対象としての価値である。

会計の測定対象は何らかの経済価値であり、その結果は value と表記される。ここでは value が単数形になっているところが重要で、単数形の value は通常は金額評価された価値を意味する。これは経済学でも同じである。しかし、社会学に目を転じれば、values という概念が注目される。たとえば、ロンドン大学ゴールドスミス校の社会学者ベヴ・スケッグスは“Values beyond value?”という論文を書き、この問題を深く考察している。彼女は、value とは経済的かつ定量的で測定可能な概念だが、values は、道徳的、文化的、定性的で測定困難な概念であると説明する。そして、「資本のロジックという目隠しの中にいる限り、われわれは単一価値を超えて存在している複数価値を理解することも、認識することもできないであろう」[3]と述べ、すべての複数価値が単一価値に還元されていく現代社会の傾向を批判し、複数価値の復権を主張するのである。

　単一価値による資本主義批判、複数価値の復権の主張は、本書の基調となっているアーレントの公共性論と通底している。すでに詳しく議論してきたように、われわれは、会計を通して「経済の時代」から「人間の時代」へ転換する道を探るために、複数性を人間の条件とするアーレントの立論を基礎として、会計の基礎であるアカウンタビリティを他者に対する無限の責任として再定式化すべきであることを主張してきた。そして、無限のアカウンタビリティのもとでの会計測定および評価が本章の課題となるが、そこでの対象は当然のことながら、value ではなく、values でなければならない。アーレントの指摘を待つまでもなく、経済活動とは貨幣による一元評価の世界である。多種多様な個性を持つ人間や事物が貨幣価値によって評価されてしまうことは、本来、多様性を本質とする人間にとって著しい苦痛のはずである。自分自身の人間としての価値が、給料や財産で決められる状況を想像するだけで、その苦痛は十分理解できるであろう。しかし、企業という私的経済組織で働く人間がそれを自ら進んで受け入れているのは、フーコーが言うところの自己統治が身体の細部にまで及んでしまっているからであろう。つまり、馴致である。しかし、人間が生命体である以上、どこかでこれではおかしいのではないかという内なる叫びもあるはずで、それがvaluesの源になる。

したがって、valueをvaluesに変化させることは、単なる価値の多様化への対応ではなく、人間性の回復につながるものとして理解されねばならない。しかし、現代社会において価値評価（valuation）の方法を変えることは容易ではないどころか、時には、革命的な変化を必要とするほどの重大事でもある。ブルーノ・ラトゥールとミシェル・カロンが、「体制を編成する資本主義と前資本主義の間の唯一の相違は、計算として組み入れられるものと組み入れてはならないものとの相違に関係している」[4]と指摘しているように、現代社会における価値評価の方法は、カール・マルクスの時代から変わることなく、資本主義の本質そのものなのである。そのためにスケッグスは資本の論理を批判するためにvaluesの重要性を主張したのである。

したがって、資本主義体制を変革するために会計制度を変更せよという議論はこれまでも多くなされてきた。たとえば、京都大学で長年会計学を講じていた高寺貞男は株主を中心とする所有者会計から勤労者会計への転換を主張したし[5]、今世紀に入ってからも、公共哲学者の金泰昌らが現代的な会計制度の抑圧性を強く批判し、新しい形の会計の必要性を強調している[6]。しかし、既存の会計制度を代替する会計計算体系を採用するということは、時には体制転換をもたらすような重大な事案であり、机上の理論の範囲を超えて現実に適用することは極めて困難であるばかりでなく、そのような新しい会計が本当に公共性に資するものであるのかどうかも実ははっきりしないのである。これは、社会主義経済体制の挫折を見れば、容易に理解できるであろう。社会主義は市場ではなく人間の計算に依拠した調整を目指したが、その計算が多様性に適応できないために瓦解してしまった。しかも、われわれが目指す公共性の根本は多元性や多様性にあるので、多元性を抑圧する支配的な会計制度を、他の新しい会計制度で代替できたとしても、新しい抑圧が生じるだけなのである。

したがって、二一世紀に生きるわれわれにとって、資本主義の価値計算方法を全面的に棄却して新しい方法を樹立することは、希望のある方法とは思えない。むしろ、資本主義の計算方法と並行して新しい価値評価方法を併用する道を選ぶべきであろう。人類が経済を排除して生き延びることがもはや不可能な以上、それでも経済価値とは異なる人間としての多元的な価値を守るためには、経済とは異なる公共的な空間を経済社会の中に確保することが必要であり、新しい会計はそのための手段として位置づけられるべきである。この点についてはナンシーが踏み込んだ議論を展開している。彼は、「資本主義とは、何よりもまず、原理からして、ある評価様態を選択することである」[7]と指摘し、その評価様態を等価性であるとして、等価性に対して非等価性を導入することを主張する。ちなみに、等価性とは本書で述べてきた貨幣による一元的評価と同義である。

「それ（非等価性という尺度を導入すること——引用者注）は、もう一つの差異システムを導入するということではなく、評価すること、評価しながら肯定することの意味を見いだすこと、獲得するということであろう。それはつまり、それぞれの評価的な身振りに対し（……）、それが所与のシステムによってあらかじめ計量されることのないという可能性、逆にそれがその都度、特異で、比較不可能で、置き換えることのできない『価値』（……）の肯定となるような可能性を与えるということである。このことのみが、経済的支配として想定されたもの――これは等価性をもたらした根底的な決断の効果に過ぎない――の位置をずらすことができるのだ。」[8]

ナンシーは、資本主義の経済計算方法である等価性を非等価性で置き換えよと主張しているのではなく、等価性の思考に対して、非等価主義を対置することで、計算不可能な人間の要請の無限性が評価される場を確保せよと主張しているのである。非等価性が人間の尊厳の源泉であることは、本章冒頭で引用したカントも指摘しているとおりである。しかし、それにもかかわらず、現実には経済の圧力に回収されてしまうことが問題なのである。

われわれが目指す「経済の時代」から「人間の時代」への転換においては、資本主義を放棄することまでは求めていない。むしろ、ナンシーが主張するように、資本主義的な経済計算に対して、無限のアカウンタビリティを反映した複数の価値の評価を取り入れる方向性を追求するものである。もちろん、無限のアカウンタビリティを測定することは不可能である。しかし、無限のアカウンタビリティを追求する不断の努力なくして、無限のアカウンタビリティ関係は維持することはできないのである。そのための仕組みとして非等価性を反映した複数評価を模索する必要がある。

複数評価の効果はこうした人間性の回復のような哲学的な意義にとどまらない。複数評価を企業に導入することでイノベーションが促進されるという研究もある。前章で引用したスタークは、複数の企業事例のエスノグラフィックな調査研究から、複数の評価原理の存在が不協和を巻き起こし、それがイノベーションを創出すると論じている。[9] スタークの研究が重要なのは、複数評価原理が、単に組織の価値観を揺るがしてイノベーションを創造すると主張するだけでなく、複数評価原理が組織内だけでなく、広く社会に存在していることを指摘し、社会システム全体の視点から、複数評価を実施することの意義を明らかにしていることにある。

直接コントロールできない対象や状況が増加している現代社会において、それに対処するためには、複数評価原理が、結果として、対処できない不確実性に対するリスクを低減させる効果も持ちうる。逆に、多様性を備えていない評価原理だけに依存すると、想定できないリスクに対して極めて脆弱になってしまう。したがって、スタークによれば、「われわれが危機に直面するのは、経済制度のパフォーマンス基準が多様でありすぎるからではなく、それが十分に多様性を備えていないからである」[10] ということになる。しかも、彼が「企業の資産は、何が資産を構成するかにつき複数の尺度があるとき、適応段階で大きくなる。社会レベルにおいてもそれは同じである」[11] と指摘するように、多様な価値の存在を認めることは、それだけで人間の生活を豊かにする効果も持つのである。

したがって、われわれが目指すべき方向性は、会計測定もしくは評価の複数化にあることは間違いないであろう。問題はどのようにして測定・評価を複数化するのかというところにある。そのためにはもともと複数である価値を会計がどのように測定・評価するのかというプロセスから検討を開始する必要がある。

2　worth と value の関係性

会計は経済価値を測定する技術として構築されてきたが，測定の結果が value だとしたら，対象は何であろうか。これまで簡単に value/values という言葉を使用してきたが，value/values が独立して存在しているわけではなく，何らかの評価プロセスを通じて創り出されることになる。つまり，value/values は結果なのであって原因ではないとすれば，value を生み出す元には何かが先行して存在している必要がある。それを worth と名づければ，value/values とは，目に見えない worth を何らかの評価プロセスを通じて顕在化させた結果であると理解することができる。したがって，value/values を議論するためには，worth と評価プロセスを議論しなければならないことになる。

このような思考は日本語ではやや難しいかもしれないが，幸い，英語では，value と worth という別々の用語があるので理解しやすい。日本語では，worth と value はともに「価値」と訳されて区別することが難しいが，*Oxford Dictionary of English* によれば，worth は，"the level at which someone or something deserves to be valued or rated" と定義され，value には "the material or monetary worth of something" の意味がある。したがって，worth は質的な概念であって，より基底的な価値を意味し，value は実質的または貨幣で表される価値の部分を意味すると解釈できる。無理に日本語に訳せば、worthを「真価」、valueを「価値」と訳し分けることも可能であろう。したがって、value/valuesはworthから何らかの評価プロセスを経て生み出された結果であるため、value/valuesを理解するためには、worthと評価プロセスから議論しなければならないことになる。

ちなみに、社会がworthとそれを表現する様式によって構成されていることを明らかにしたのは、フランスの社会学者リュック・ボルタンスキーとローラン・テヴノーである。彼らは共著『正当化の理論』において、六つのworthに関する世界観を示して、それらが現代社会を正当化して構成していることを示して見せた[12]。ちなみに六つの世界とは、インスピレーション、家庭、オピニオン、市民、商業そして産業である。ボルタンスキーとテヴノーは、それぞれの世界における思考を代表する文献をもとにして、worthを社会的に構成する様式が、どのようにして世界を創り出しているのかを分析している。彼らは会計計算について特別な注意を払っているわけではないが、会計は商業や産業という世界のworthを体現する評価プロセスとしての様式として位置づけることができる[13]。本章では、worthを編成する方法が社会を規定しており、その正当化の方法が複数存在するというボルタンスキーとテヴノーのパースペクティブを共有しながら、複数評価原理にかかわるworthの特定の領域を取り上げて、それをvalueにまで転換するプロセスを含めて検討するものである。なお、ボルタンスキーとテヴノーが複数の正当化と論じていることを、リクールは「正義の審級の複数性」として捉え直している[14]。本章で述べる複数評価原理も、正義の審級の複数性に資するか否かがその鍵となる。

さて、具体的な複数評価原理の事例を検討する前に、会計という計算プロセスによってworthがど

図 3-1　worth, value, 計算プロセスの関係

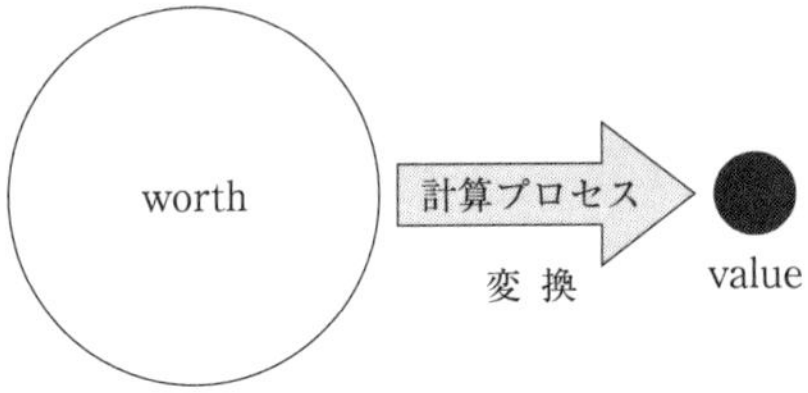

のようにvalueに変換されるのか、その原理的な機能を検討する必要がある。
先に示したworthとvalueの定義に従えば、worthは不可視の抽象的な概念なので、何らかの方法を使ってvalueとして明示化することが必要になる。その有力な方法の一つが会計計算である。ところが、測定方法が間に介在する以上、worthとvalueは原理的に一致しない。しかし、一致しないからこそ、valueをworthに近づけるために常に努力が必要とされることになる。この構図は、前章で示した無限のアカウンタビリティへの接近と同じロジックである。逆に、法律や規則に従ってvalueを算出するだけで、その本質であるworthとの乖離を顧慮しないとすれば、これは有限責任の範囲にとどまることになる。実際にはworthとvalueの間にはさまざまな計算方法が介在するので、その関係は複雑になるが、worthとvalueの関係を、無限のアカウンタビリティのもとで思考する場合と、有限のアカウンタビリティのもとで思考する場合とでは、その関係が異なるので注意が必要になる。

図3-1に、worthとvalueと計算プロセス（評価プロセス）の関係を整理してみた。会計学の文脈で言えば、概念として何らかの価値（worth）が存在していて、それを算出するために計算プロセスが適用されて、value（たとえば利益）が明示されるという関係になる。したがって、会計によって算出されるvalueは、単なる実体の写像ではなくて、特定の測定方法を持つ計算プロセスによって変換され

た結果に過ぎず、変換方法が違えば当然valueは異なることになる。したがって、worthは一つでも、valueはいくらでも計算できる。しかも、可視化されるのはvalueだけなので、valueとworthが混同されることが日常生活では頻繁に起きる。たとえば、社員が収益への貢献（value）で価値（worth）があると評価されたり、学生が試験の点数（value）がよいから賢い（worth）と思われたりすることなど、いくらでも列挙できる。本当は、われわれは生きているだけで何らかの価値（worth）を持っているはずであり、また、試験の点数が必ずしも頭のよさを表すわけではないのであるが、目に見えるのは何らかの方法で測定されたvalueだけなので、このような理解の転倒が容易に起こってしまうのである。これを図示すると、図3-2のように描くことができる。

図3-2　worth, value, 計算プロセスの実際の理解

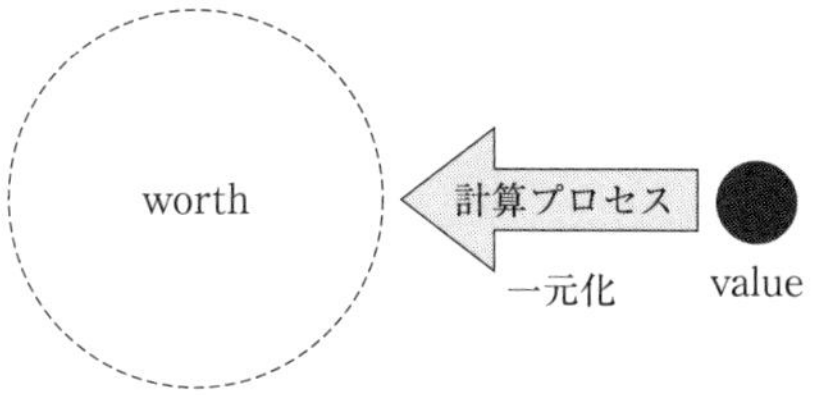

　図3-2に示すように、valueを規定するのがworthのはずなのに、実際にvalueを算出してしまうとvalueのほうがworthを規定してしまうという転倒した理解が生じやすい。つまり、valueを算出する計算プロセスがworthを規定するという完全な逆転的な現象が生じるのである。会計計算はまさにこの典型と言えるであろう。誰でも、あなたの価値は給料の額だと言われれば、よほどの例外者を除いて、憤慨するであろう。worthとしての価値というのは、valueに限定されるものではなく、計算しきれない無限のものが背後にあるはずであり、これは本章の冒頭で引用したカントも見通しているとおりである。

この目に見えないものをどのようにして復元すればよいのか。もし、これが家庭生活やコミュニティでの活動であれば、個々人の満足感や尊敬の念のような抽象的な感情の共有で十分で、ことさら可視化する必要はないかもしれない。しかし、企業活動の現場のようにすでにvalueの測定評価方法が固定化されているコンテクストにおいて、worthを復活させるためには、さまざまなvaluesを新しい計算プロセスを通じて可視化するしかないのである。

図3-2で、worthの外側を点線で囲んでいるが、これは範囲が確定できないという意味である。範囲が決められてないということは、前章で提起した責任の無限性と共通するものである。worthや責任の範囲がはっきりしないというと、何かあいまいな印象を与えるかもしれないが、ここでは、それらは範囲がはっきりしないものであると理解する必要がある。これをworthはvalueと同じであると誤解すると、人間によってさまざまに解釈されるべき部分が否定されて、公共性の原点である多様性、複数性が抑圧または排除されてしまうことになる。したがって、無限のアカウンタビリティとは、worthの無限性へ向けての無限の努力と表裏一体の関係にある。一方、既存の会計で支配的な有限のアカウンタビリティとは、その努力をどこかで停止することを正当化するものである。

この問題を哲学的に少しだけ補足しよう。ルートヴィヒ・ウィトゲンシュタインは、この点に関して、「価値の名に値するものがあるとすれば、それは、生起するものたち、かくあるものたちすべての外になければならない。生起するものも、かくあるものも、すべては偶然だからである」[15]と説明している。つまり、ウィトゲンシュタインにとってのWert（ドイツ語で価値の意味）とは常に外部にあって、人間が触知できないものであり、したがって、測定したり、表現したりすることができない。これは、デリダが言う責任の無限性や、ナンシーが言う非等価性や、カントが言う尊厳のすべてに共通することである。しかし、われわれは計算を放棄してはならない。なぜならデリダが、「計算可能な尺度が、計算不可能なものおよび計算不可能なものへの接近を可能にもするのである。それ自体必然的に計算可能なものと計算不可能なものの間で未決定にとどまる接近を」[16]と主張するように、計算を通じてしか、worth に近づくことはできないからである。重要なことは worth と value の関係を正しく理解して、実践することである。

ここまでは worth と value の関係を抽象的に議論してきたが、より具体的に複数評価原理の会計を構想するためには、支配的な経済的評価指標と新たな複数評価指標との関係から、worth にどこまで迫ることができるのかが重要な論点となる。これまで述べてきたように、会計指標を複数化するだけであれば、それはいつでも簡単にできる。前章で言及したバランストスコアカードなどは指標の宝庫である。しかし、いくら多くの指標があっても、最終的に利益という経済的評価に収束する指標群は、一元的評価指標の構成要素に過ぎず、本章で想定する複数評価原理の指標ではない。複数評価原理を標榜する以上、収益向上を目指す最終的な利益指標には収束しない部分を持たなければならない。これが複数評価指標の条件である。

この条件は、たとえば、貨幣単位の指標でなければ比較的容易であろう。たとえば、環境負荷物質の排出量などの物量指標や従業員満足度のような指標は、経済指標ではないため、利益指標からは独立した複数評価原理の指標となりやすい。一方、企業がもたらす外部不経済を社会的コストとして金額評価するような場合は、金額で表現されるため、財務的なコスト概念と比較可能という利点があるが、その分、経済目的を達成するための文脈に取り込まれやすいので注意が必要になる。しかし、いずれの場合においても、このような指標に利益指標と同じくらいの意義を持たせることは、企業のような経済組織においては非常に難しい課題である。さらに、いくら経済指標と対抗する指標を開発しても、その重要性において大きく劣っていたり、経済指標改善のための下位指標として位置づけられたりするのであれば、それは複数評価原理の意義を大きく損ねてしまうことになる。

企業のような経済組織において、経済目標と対立する複数目標を受け入れることは実際にはかなり困難な課題である。環境目標についても、環境に負荷を与えすぎると経済活動ができないので環境保全が必要であるとか、環境改善がコスト削減に通じるからメリットがある、というような経済と関連づけた説明が必要とされる場合が少なくない。従業員満足度などはもっと直接的に経済成果に影響する指標と考えられているであろう。しかし、それでは、環境保全や人間の心の満足が、経済目標に従属してしまっている。企業経営者の立場からすれば、従業員の心の満足とか、環境を保全したいという気持ちは、従業員の私的な感情と理解されるかもしれない。ところが、それは公と私が完全に逆転した考えで、正しくは、企業という私的組織とは別次元の人間や環境にかかわる公的な感情なのである。

つまり、経済と親和的な指標というような考え方そのものが、公的な領域を私的化してしまう「反公共的」な思考なのである。それに対して、複数評価原理の会計が目指すべきは、経済と同等の立場にある異なる価値の表現であり、その活用である。それは、経済を否定するものでもなければ、支援するものでもない。全く別の価値であるという理解が必要になる。この点についての本質的な理解に立ったうえで、経済との親和性を考えるのであれば、それは有効に機能する場合もある。しかし、その根本を忘れると、企業というコンテクストでは、簡単に経済的価値への従属が生じてしまうのである。

この点について、パワーは、「環境コストという会計言説は、（……）組織外部での利害に対して、新しい可視性を創造するかもしれない。このような方法によって、会計は組織をその自然環境と『再結合』させる可能性を持っている」[17]と主張している。パワーは、監査やリスクマネジメントシステムのような技術的な体系が、本来対象とすべき問題を手続き的に定義された問題にすり替えて管理している傾向を厳しく批判している研究者として世界的に著名であるが[18]、そのパワーが、環境コストが新しい可視性を創造する可能性を持つと主張していることは重要である。問題の焦点は、複数評価原理の会計手法がいかにして新しい可視性を創造しているかどうかにあり、もし何らかの新しい可視性を創造しているならば、その可視性をどのようにして経済に従属させることなく維持することができるかというところにある。

見方を変えれば、複数評価原理とは経済的な価値を中和することでもあるので、実際に中和できなければ意味がない。近代を統治するメカニズムとしてフーコーが提起した「装置」から、人間を解放する道を探求するイタリアの哲学者ジョルジョ・アガンベンは、「瀆神」という概念を持ち出して、現代的な権力を無力化するための抵抗の意義を説く[19]。アガンベンが「装置」から逃れるためには「統治されえないものに光を当てる」[20]ことが必要であると主張するように、複数評価原理の会計においても、既存の会計では対象とされないものに光を当てねばならない。しかし、それは経済を中和することが目的であって、複数評価原理の会計自身が経済の装置に回収されてはならない。最終的に経済に回収される手法であれば、経済を中和することができないばかりか、逆に経済的価値観を広めることにつながるだけであろう。したがって、この点には十分な注意を払うだけでなく、複数評価原理の手法に加えてその独立性を担保する制度も同時に必要になる。

さて、複数評価原理の会計について理論的な側面を考察してきたが、その実践面での意義と課題を検討するには、具体的な事例に基づいて説明することが有効であろう。すでに述べたように新しい代替的会計はいくらでも理論的に生み出すことは可能であるが、実践に適用されたことのない机上の理論をここで検討するつもりはない。具体の実践の場にある手法を取り上げなければ、人間の活動の本質に迫るにはどうしても限界がある。本章では、すでに国際的に普及している、経済に対して環境や社会の価値を重視する三つの手法を取り上げたい。一つめは企業の製造プロセスを環境と経済の面から分析することを指向するマテリアルフローコスト会計（material flow cost accounting, 以下ＭＦＣＡ）、二つめは前章でも言及した企業の環境・経済・社会に関する報告を求めるＧＲＩの「サステナビリティ報告」、三つめは国際統合報告評議会（ＩＩＲＣ）が推奨する「統合報告」である。ＭＦＣＡは二〇一一年に国際規格ＩＳＯ１４０５１（マテリアルフローコスト会計－一般的枠組み）が発行されて国際的な普及が進んでいる環境管理会計手法であり、企業の内部管理の手法である。ＧＲＩの「サステナビリティ報告」とIIRCの「統合報告」は企業の外部報告の手法である。したがって、以下では、内部管理と外部報告に関して節を分けて、複数評価原理の会計としての可能性を、具体的に検討していきたい。

3　複数評価原理の会計としてのMFCA

MFCAはマテリアル（原材料とエネルギー）のフローとストックを金額と物量で追跡してコスト計算する手法で、二〇一一年にそのフレームワークがISO14051として発行された。MFCAでは、マテリアルロスとなる廃棄物を、製品と同じように、原材料費を投入し、設備を使用して、人手をかけて「製造」していると理解し、そのコストを製品と同様に計算する。このように計算すると、今まで無価値と思っていたマテリアルロスが大きな金銭的価値の喪失として見える化するので、MFCAは経営者に対して廃棄物削減のインセンティブを与える手法として機能することが期待される。実際に廃棄物が削減されるならば、環境への負荷が削減されると同時に、原材料費を中心としてコストも削減されることになるので、MFCAは環境と経済のウィン－ウィン関係を導く手法として注目を集めてきた。

MFCAは一九九〇年代末にドイツでその原型となる手法が開発され、日本では二〇〇〇年代を通じて経済産業省のプロジェクトで開発・普及が進み、一一年には日本からの提案を承認する形で、MFCAの一般的枠組みを定めた国際規格ISO14051が発行され、一七年には、サプライチェーンへのMFCAの適用に関する規格ISO14052も発行された。MFCAは環境と管理会計を連携させる

図 3-3　通常の原価計算におけるコスト計算

図 3-4　MFCA におけるコスト計算

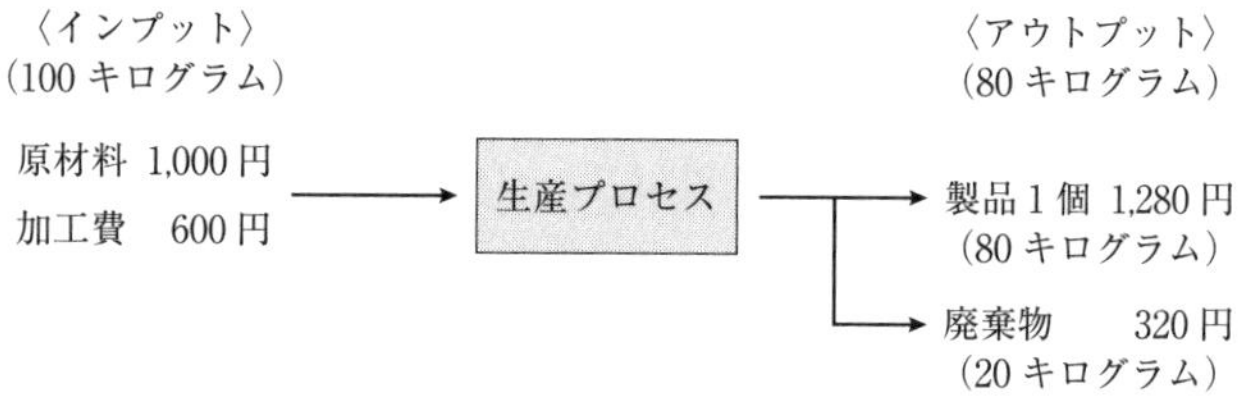

ことを目的とした環境管理会計の一手法である。環境管理会計は二〇〇〇年代前半の国連持続可能開発部のプロジェクトにおいて手法開発が進められ、〇五年にはその成果をもとに国際会計士連盟（ＩＦＡＣ）から、「国際ガイダンス文書・環境管理会計」が公表されている。[21]

通常の原価計算とＭＦＣＡの原価計算の相違は、図3–3と図3–4のように示すことができる。なお、コスト項目は単純化して原材料費と加工費のみとしている。図3–3に示す通常の原価計算では、売上高から回収すべき原価の金額を計算することが主目的となるから、この事例のように投入された原材料一〇〇キログラムが製品では八〇キログラムに減少していても、その廃棄部分が正常な製造プロセスの結果ならば、原価計算上は独立して考慮されることはない。その意味で、原材料は投入された段階ですべて売上から回収されなければならない。したがって、在庫等がなければインプットのコストがそのままアウトプットのコストとなる。

一方、ＭＦＣＡでは、マテリアルのフローに応じて物量とコストを計算することになるので、廃棄されるマテリアルロスにも、一定の原材料の投入と加工を経ている以上、相応のコストが配分されなければならない。ＭＦＣＡではマテリアルロスも原則として製品と同じように原価計算することが必要になるので、通常の原価計算ではゼロであったマテリアルロスのコストが、図3-4で示すように三二〇円として計測されることになる。ちなみに、この三二〇円は、製品と廃棄物の重量比で総コストを配分した金額である。これまで無価値と思われていた廃棄物が三二〇円もかけて「製造」されることをＭＦＣＡは示すことで、経営者に対して環境への配慮を促すように設計されている。

このようにＭＦＣＡと通常の原価計算では、マテリアルロスの評価方法が異なるのであるが、これは単なる計算手法の相違ではなく、経営に対する根本的な思考の相違として認識されなければならない。通常の原価計算が、正常な状態で発生するマテリアルロスのコストを度外視[22]するのは、計算手法の問題ではなくて、それが経済の論理では独立したコストではないからである。先にも述べたように、利益を獲得する目的からすれば、コストとは費消した金額を意味するのであって、費消した金額が製品の一部になっていようと、廃棄されていようと関係がないのである。逆に環境保全の論理からすれば、使用されずに廃棄される資源は環境負荷以外の何物でもないから、その部分の削減が求められることになる。ここに環境と経済の思考の根本的な相違を見ることができる。

このことは、企業の意思決定の流れを考えてみるとわかりやすい。たしかに、モノの流れを考えれば、原材料を調達して、製品に加工・製造して、配送して、販売するという流れになるが、経営上の意思決定は、何をいくらで買うかという調達段階から始まるのではなく、何をいくらで売ればいくら儲かるかという販売段階の判断から始まる。いくらで売れば元がとれると判断できて、はじめてビジネスは始まるのである。それに対して、材料を購入してから、どうしたら売れるかを考えているようでは、とてもビジネスとして成立しないであろう。しかも、販売段階の「いくらで売ればいくら儲かるか」という判断の中には、加工プロセスで生じると予測されるマテリアルロスは織り込み済みで、マテリアルロスの発生を前提として利益が確保できると判断しているはずである。この時点で、正常な生産工程から出てくるマテリアルロスは経済の思考から外れるのである。この販売を起点とする経営の思考は、実は貨幣の流れと同じであり、経済の思考を体現している。

一方、環境の観点からすれば、貨幣の流れとは逆行することになる。販売を予測している段階では何の環境負荷も生じていないので、環境への影響は原材料を調達するところから始まることになる。そしてこの流れに従って、マテリアルのフローが思考される。マテリアルのフローが発生すれば、エネルギーの消費も発生し、環境負荷が生じることになる。逆に、マテリアルのフローのないところに人工的な環境負荷はなく自然環境は維持される。したがって、環境の思考では、当然、調達が起点にあって、できるだけ資源とエネルギーを有効活用して、廃棄物や有害な排出物を減少させなければならない。

経済の思考と環境の思考の対比を如実に示すことのできる好例は在庫である。経済の論理からすれば、在庫とは、材料を調達し、設備・土地・建物を用意し、そして人間を雇用するために使用した貨幣が形を変えたものにほかならない。いわば、倉庫に現金をおいているようなものである。これが経営者にとって限りない無駄に見えるのは、その資金を別の方法で運用すれば獲得できるはずの利益が失われているからである。経済学では、これは機会原価という概念で表現されるが、経営の現場では目に見える原価のみならず、機会原価を最小にする行動が求められることになる。トヨタ生産方式で世界的に有名になったジャストインタイム生産方式はその典型的な方法である。一方、環境の観点から在庫を見れば、地面を占有している以外には、特に環境に大きな負荷をかけているとは見られない。むしろ、在庫を減らすために、頻繁な段取り替えを行うことによる洗浄や試作によるロスや、頻繁な配送に伴うエネルギー消費が問題になる。

図 3–5　環境の思考と経済の思考

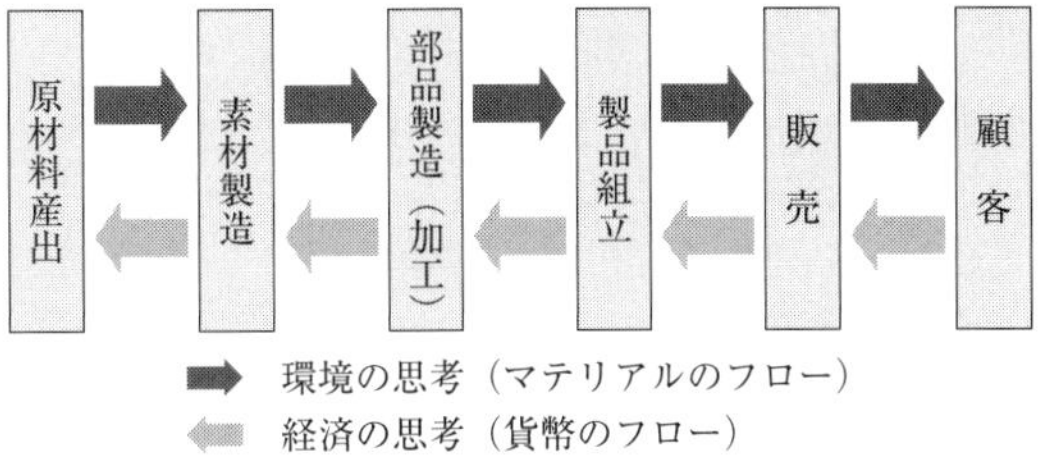

　このような経営における経済の思考と環境の思考の相違を示せば図3–5のように描くことができる。図3–5の上の矢印が環境の思考を表し、下の矢印が経済の思考を示している。この図を見れば明らかなように、経済の思考と環境の思考は完全に逆行していて交差するところがない。しかも、これは抽象的な思考だけを示しているのではなく、経済の思考は貨幣のフローに、環境の思考はマテリアルのフローに基づいているのである。ここに複数評価原理の会計を導入する意義が見て取れる。実際の社会は経済の思考だけで成り立っているわけではない。ボルタンスキーとテヴノーの指摘を待つまでもなく、世界はさまざまな思考の複合体として成り立っている。ここではたまたま経済の思考（貨幣のフロー）と環境の思考（マテリアルのフロー）を取

り上げたが、このように正反対のベクトルとして識別できるということは、複数評価がすでに存在していることを示している。しかも、この二つの思考は方向性を異にしているだけで、それぞれの目的が常に相反しているわけではない。その証拠に、ＭＦＣＡはマテリアルロスを削減することで、コストと環境負荷の双方の削減を目指している。当然のことながら、異なるということは、相反することとは違うのである。

複数評価原理を考える場合に重要なことは、複数の指標が最終的に収束しないことである。経済と環境は図3-5で示している限り収束点を持たない。ＭＦＣＡは、貨幣単位ではなくマテリアルの物量ベースのフローを追跡するマテリアルフロー会計（material flow accounting, ＭＦＡ）から発展してきたものであり、市場経済の枠組みから生み出された手法とはその出自を異にする。したがって、環境を改善するための手法として活用することができる。しかも、その情報は経済のフローの中では見過ごされているので、経済目的に対しても効果を与えることができる場合がある。それに対して、もしも複数評価原理と称していても、最終的な目的が経済に一致してしまうのであれば、それは経済的な一元評価と異なるところはない。たとえば、たびたび言及してきた業績評価の手法であるバランストスコアカードは、財務、顧客、業務プロセス、および学習と成長の四つの視点から評価するので、複数評価原理のように見えるかもしれないが、最終的には企業目標である財務的利益に収束するように設計することを原則とするので、これを複数評価原理と呼ぶことはできない。

この点でＭＦＣＡは微妙な立場にある。ＭＦＣＡの出自を問えば、マテリアルのフローの物量計算にあるから、経済計算からは独立している。しかし一方では、MFCAではマテリアルロスコストの大きさを示すことによって、経営者に資源の節約動機を与え、コスト削減につながることが強調されている。たとえば、ISO14051では、次のように説明している。

「マテリアルロス及び関連するコストに関するデータを、一般的な情報・会計・環境マネジメントシステムから取り出すことは往々にして難しいので、多くの組織では、マテリアルロスの実際のコストを、十分詳細に認識していない。しかしながら、MFCAによって当該情報が入手可能になれば、それらのデータは、使用するマテリアルの削減及び／又はマテリアルロスの削減、マテリアル及びエネルギーの効率的な使用への改善、環境への悪影響の低減、並びに関連コストの削減のための機会の追求に使用することができる[23]。」

このように経営サイドからMFCAを見れば、これまで経済の思考では見落としていたコストを改めて示したことによって、新たなコスト削減の可能性を示したことに意義がある。多くの環境保全活動は企業経営にとってコスト増加の要因であるが、マテリアルロスを削減できれば、資源の保護、廃棄物の削減という環境保護につながると同時に、コスト削減も可能となり、環境と経済のウィン－ウィン関係が構築できる可能性がある。経済産業省は、このMFCAによる経済と環境のウィン－ウィン関係を強調して企業への普及を図ったし、後述するように、ISO14051発行後はアジア諸国への普及が見られるが、経済力の相対的に弱いアジアの中小企業にとっては、MFCAによるコスト削減が大きな魅力となっている。

しかし、MFCAによる環境と経済のウィン－ウィン関係を強調することは、MFCAが普及するためには重要であるが、それをMFCAの目的と考えれば、逆に環境の思考が経済の思考に取り込まれてしまう危険性を持つ。この点は、MFCAを複数評価原理の会計手法として見る場合の弱点となるが、この問題については第5節で議論することにして、その前に、もう一つの複数評価原理の会計の例として「サステナビリティ報告」と「統合報告」について検討しよう。

4　複数評価原理の会計としての「サステナビリティ報告」と「統合報告」

複数評価原理の会計が目指すことは、経済以外の価値（worth）を企業という経済組織体に導入することであるが、その意味で、近年重要な国際的なイニシャティブがある。一つはGRIの「サステナビリティ報告ガイドライン」（二〇一六年から「GRIスタンダード」）であり、もう一つはIIRCの「統合報告フレームワーク」である。この二つは企業の外部報告の新しいあり方を追求したもので、これまでの経済中心の「財務報告書」に加えて、環境や社会の要素を取り込んだ報告書の発行を求めるものであり、経済価値に対する複数評価を追求するガイドラインもしくはフレームワークである。両者は、法的な強制力を持つものではないが、GRIの「サステナビリティ報告ガイドライン」はすでに多国籍企業にとってデファクトスタンダード化しており、ＩＩＲＣの「統合報告フレームワーク」も発行する企業が世界的に増加傾向にある。なお、この二つの指針は、企業報告の指針であるため、複数評価原理の会計と呼ぶにはやや違和感があるかもしれないが、両指針ともに経済指標を取り込んだ形式で体系化されているので、ここでは複数評価原理の会計手法として取り上げる。もちろん、本書では名称は重要な意味があるわけではなく、経済的な一元評価に対して、複数評価原理が貫徹しているか否かが重要なポイントとなる。

ＧＲＩは、アメリカで企業の環境保全活動に取り組むＮＧＯであるＣｅｒｅｓと社会責任投資家を母体として一九九七年に組織化され、その後、国連環境計画（ＵＮＥＰ）の公式的な支援を受けることで国際的な基盤を確立し、二〇〇〇年に最初のサステナビリティ報告書のガイドラインを発表した[24]。その後、二〇〇二年、〇六年、一三年に改訂が行われ、一六年一〇月には最新の改訂版としてＧＲＩスタンダードが発行された。ＧＲＩは、創設時はＣｅｒｅｓを中心とするアメリカのＮＧＯの影響が大きかったものの、次第にヨーロッパに軸足を移し、現在はアムステルダムに本部を置いている。なお、ＧＲＩスタンダードは「サステナビリティ報告ガイドライン」をその構成要素ごとに独立可能なスタンダートとして再編集したものであり、内容的に「サステナビリティ報告ガイドライン」と大きく異なることはない。

ＧＲＩスタンダードは、経済・環境・社会を統合した企業の報告書である「サステナビリティ報告」の開示内容の指針を示すものである。経済・環境・社会を統合したコンセプトは「トリプルボトムライン」と呼ばれ、GRIの基盤的思想となってきた。「トリプルボトムライン」とは、会計利益を意味する「ボトムライン」（財務諸表の最終行、すなわち利益を意味する）に対抗する概念であるが、経済・環境・社会を一つの指標にまとめるのではなく、それぞれを三つの独立したカテゴリーとして、指標の体系化を図っている。この三つの視点が独立しているところが、複数評価原理の手法として重要である。

GRIスタンダードは、「共通スタンダード」と「項目別スタンダード」に分かれる。「共通スタンダード」は、「基礎」「一般的開示事項」「経営者のアプローチ」に分かれて、主に原則的なところや個別問題に共通の経営者の対応方法などが規定されており、「項目別スタンダード」は経済関係、環境関係、社会関係に分かれ、内容は表3-1のとおりである。経済・環境・社会の各領域について非常に包括的な指針を示していることが理解されるであろう。

さらにGRIスタンダードは、単に経済・環境・社会に関する開示内容を規定するだけでなく、組織が開示内容を決定するプロセスを組み込んだ、より能動的な基準でもあることが、その大きな特徴となっている。従来の環境報告書のガイドラインであれば、日本の環境省が発行する「環境報告ガイドライン」に典型的に見られるように、開示すべき標準項目を定めてその開示を求めるというスタンスが一般的であった。しかし、GRIスタンダードでは、経済・環境・社会に関する膨大かつ多岐にわたる開示項目をすべて開示することは現実的ではないとし、個別指標は列挙するものの、それらの指標の各企業にとっての優先度は各企業がマテリアリティ（重要性）を分析してそれぞれで決定するべきとされている。GRIスタンダードによれば、企業にとって優先すべき側面は、「経済・環境・社会に与えるインパクトの著しさ」と「ステークホルダーの評価や意思決定に対する影響」の二軸から評価される。したがって、ステークホルダーの意見を評価しなければ、各事項の優先度を特定できない仕組みになっている。企業がステークホルダーと関係する活動は、ステークホルダーエンゲージメントと呼ばれ、組織の社会的責任を規定したＩＳＯ２６０００では、「組織の社会的責任の取り組みの中心である」[25]と規定されている。つまり、ＧＲＩスタンダードは、企業に経済・環境・社会に関するサステナビリティ情報の

表 3-1　GRI スタンダードの項目別の内容

GRI 200	201	経済パフォーマンス
	202	市場でのプレゼンス
	203	間接的な経済インパクト
	204	調達慣行
	205	腐敗防止
	206	反競争的行為
GRI 300	301	原材料
	302	エネルギー
	303	水
	304	生物多様性
	305	大気への排出
	306	排水・廃棄物
	307	環境コンプライアンス
	308	サプライヤーの環境アセスメント
GRI 400	401	雇　用
	402	労使関係
	403	労働安全衛生
	404	訓練・教育
	405	ダイバーシティと機会均等
	406	非差別
	407	結社の自由と団体交渉
	408	児童労働
	409	強制労働
	410	保安慣行
	411	先住民族の権利
	412	人権アセスメント
	413	地域社会
	414	サプライヤーの社会アセスメント
	415	公共政策
	416	顧客の安全衛生
	417	マーケティングとラベリング
	418	顧客プライバシー
	419	社会経済面のコンプライアンス

注：GRI スタンダードの日本語訳を参考に，一部引用者が変更。

単なる開示を求める基準であるだけではなく、サステナビリティ情報を開示するために、さらにはサステナビリティに関する企業活動を促進するために、ステークホルダーとの交渉を企業に促す基準なのである。

一方、IIRCの「統合報告フレームワーク」は、財務報告とサステナビリティ報告の統合を目指した「統合報告」[26]のフレームワークとして、二〇一三年に発表された。IIRCにはGRIも共催団体として関与しており、IIRCフレームワークはGRIスタンダードと対立するものではない。IIRCフレームワークは、「統合報告書は、組織の外部環境を背景として、組織の戦略、ガバナンス、パフォーマンス、および見通しが、どのように短・中・長期の価値創造を導くかについての簡潔なコミュニケーションである[27]」と定義し、彼らが提唱する「統合報告」(integrated reporting)を〈IR〉と略称する。当然、これはinvestor relationsと意図的に同じ略称を使用しているものである。

統合報告は、財務資本の提供者を主たる対象者としながら、「従業員、顧客、サプライヤー、事業パートナー、地域社会、立法者、規制当局、政策立案者を含む、組織の長期にわたる価値創造能力に関心を持つ全てのステークホルダーにとって有益なものとなる[28]」ことを目的としている。そこでのキーワードは短・中・長期の価値創造であり、しかもその価値は組織に対して創造される価値と他者に対して創造される価値に分かれるとされ、この関係を図3-6のように示している。図3-6は、組織を自己とみなせば、前章で議論した内容と通じるものがあることが理解されよう。すなわち、価値創造も自己と他者の間で生じる相互的なものなのである。しかも、他者に対する価値の中に組織(自己)の価値が含まれるので、他者に対する価値が増えることで自己に対する価値も増えるという関係が示されていることになる。

通常の財務会計は当然のことながら、最終的な株主に帰属する利益を計算することを目的としており、株主以外のステークホルダーに分配される金額は、税金も含めてすべて費用である。これに対して、統合報告では、組織に対して創造される価値と、他者に対して創造される価値を対比している点で、すでにボトムライン（会計計算の最終結果）が複数化しており、ここに複数評価原理の会計としての特徴を見ることができる。しかも、「組織に対して創造される価値」という表現も、財務会計における株主に帰属する利益という概念よりも広いものである。ＩＩＲＣは株主という用語を使用せずに財務資本提供者という用語を使用しているが、財務資本提供者には株主以外に借入資本提供者も含まれるので、通常の財務会計に比べて、意図的に複合的な概念を使用している。ただし、ＩＩＲＣフレームワークは組織や財務資本提供者の中身について深く掘り下げてはいない。

ＩＩＲＣフレームワークが重要なのは、組織にとっての他者の範囲を「すべてのステークホルダー」として捉えていることである。しかも、他者に対して生み出され

図 3-6　組織に対して創造される価値と他者に対して創造される価値

出所：IIRC（2013）p. 10/p. 12.

図3-7　IIRCが想定する価値創造プロセス

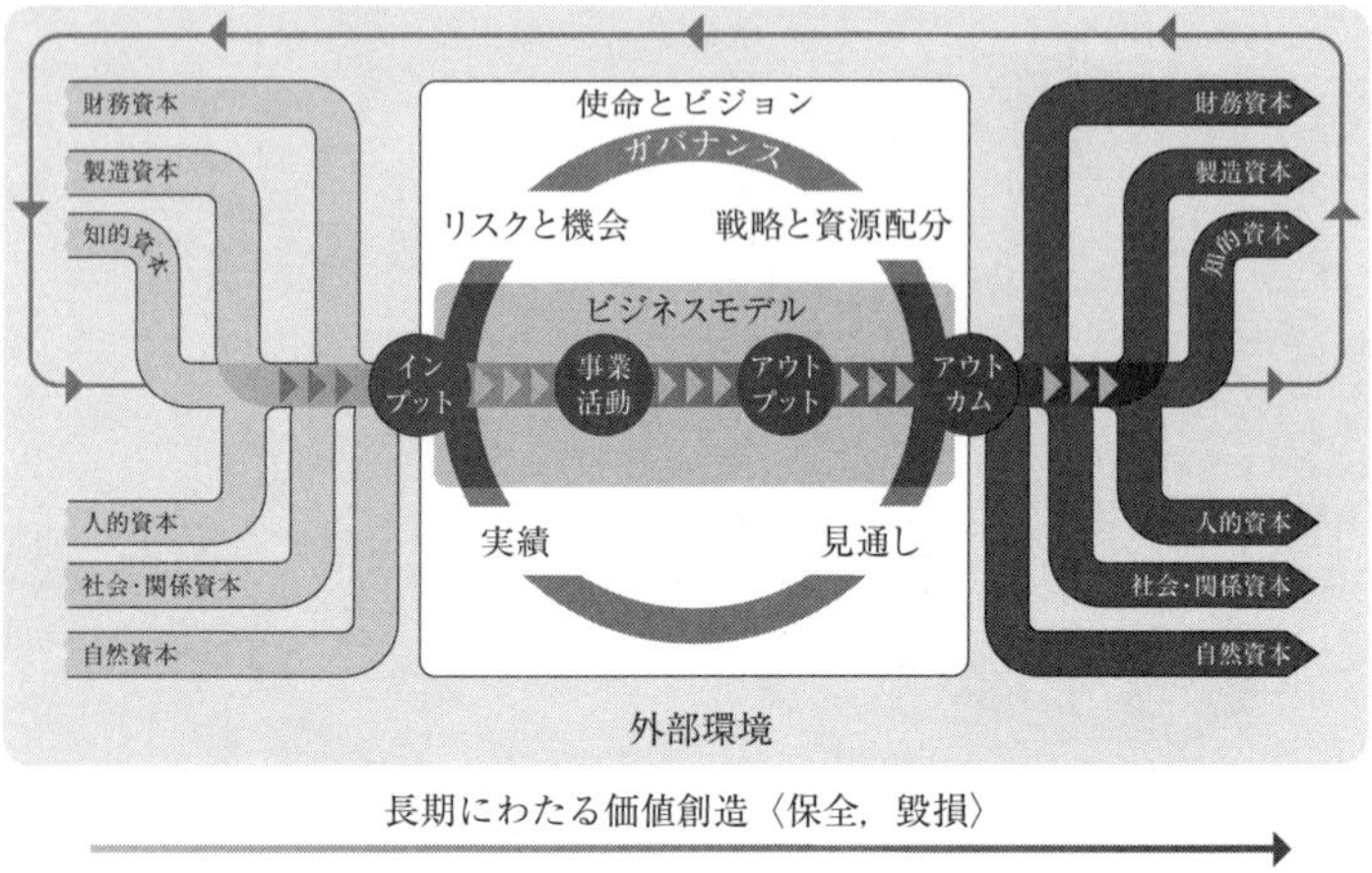

出所：IIRC（2013）p. 13/p. 15.

る価値の根拠として、財務資本、製造資本、知的資本、人的資本、社会・関係資本、自然資本の六つの資本概念を示し、組織をこの六つの資本を活用して価値創造する仕組みとして捉えている。この考え方を端的に表した図が、IIRCが価値創造プロセスとして提示した図3-7である。この図は、矢印がタコの足のように見えるため、「オクトパスモデル」とも呼ばれている。

図3-7に示されるように、IIRCは、組織（企業）が、財務資本のみならず、製造資本、知的資本、人的資本、社会・関係資本、自然資本を活用して、アウトカムである価値を創造するビジネスモデル全体を対象としており、そのパフォーマンスを報告する媒体が「統合報告」なのである。財務会計は財務資本のみを対象とする会計であるから、「統合報告」では、それ以外の資本を導入することで複数評価原理が導入されていると解釈することができる。しかも、製造資本

や知的資本の一部は貨幣評価が可能であるが、人的資本、社会・関係資本、自然資本は簡単に貨幣評価できない要素を含んでおり、経済による一元的な評価を超える評価が必要になる。実際に、ＩＩＲＣフレームワークは、組織のアウトカムとして、組織の評判、顧客満足度、ブランドロイヤリティ、社会および環境影響などの非財務的な成果を例示している[29]。

しかも、図3-7では、六つの資本が相互に交わっていないことが概念上は重要である。これらの六つの資本はそれぞれ独立のビジネスモデルを経て価値を創造すると理解されており、これは複数評価原理の会計の概念図として適切なものと評価できよう。ただし、ＩＩＲＣフレームワークは、原則主義の観点から、この六つの資本の具体的な評価方法には一切触れていないので、どのような価値が創造されるのかについては、企業の判断に任されている。この問題は、前章で議論した組織がどのような責任を負うのかに依存するもので、自己と他者の相互作用の中で決定されるべきものである。

さらにＩＩＲＣフレームワークでは、六つの資本概念だけでなく、「短期・中期・長期」という時間軸が強調されていることも重要である。財務会計では、上場規則等によって半年や四半期の報告が求められるものの、年次決算が基本であり一年が単位である。ＩＩＲＣの「短期・中期・長期」がどのくらいの期間を意味するのかは明記されていないが、一年以上の中期もしくは長期の視点からの報告を求めていることは確かである。ＩＩＲＣがこのように時間軸の長期化を要求する背景には、過度の短期志向が二〇〇八年のリーマンショックを招いたことへの反省が色濃く反映されている。しかし、財務会計の世界では相変わらず最長でも一年単位の会計計算が基本であるため、ＩＩＲＣの時間概念は、財務会計の時間概念の複数化としても理解することができる。経済における期間の概念は極めて重要で、期間を短くすればするほど経済的な効率性が強調され、長期になればなるほど持続可能性が重視される。経済的な持続可能性は社会の持続可能性そのものでもあるので、時間を長期化することによって、経済と人間の懸隔は小さくなるのである。会計の世界ではこれまで情報の有用性という旗印のもとで、一年決算から半年決算、さらには四半期決算というように、会計情報開示の期間を短縮してきた。この期間の短縮が経済の短期志向をさらに促進してきたことは否めない。その意味で会計期間の長期化も含む時間の複数化は、重要な複数評価原理の方法となるのである。

このようにＧＲＩスタンダード、ＩＩＲＣフレームワークはともに、通常の財務会計基準とは異なり、経済的な価値に加えて、環境や社会の価値に関する報告を求めるものであり、そこに複数評価原理の会計としての特徴を見出すことができる。しかも、ＧＲＩスタンダードはその前身のガイドラインの発行から一五年以上が経過し、サステナビリティ報告の国際基準としての地位を確固たるものとし、ＩＩＲＣの統合報告もヨーロッパを中心に普及し、日本でも多くの企業が統合報告の作成を開始している。しかし、実際の企業の「サステナビリティ報告」や「統合報告」において、ＧＲＩスタンダードやＩＩＲＣフレームワークが示すような複数評価原理が貫徹されているかどうか、それが企業実践として機能しているかどうかについては、慎重な検討が必要になる。ＭＦＣＡの実践面での活用も含めて、次節ではこの問題を検討することにしよう。

5　複数評価原理の会計の限界

複数評価原理の会計として、MFCA、GRIスタンダード、IIRCフレームワークを検討してきた。これらの三つの指針には、経済的な一元化を基本とする通常の会計計算とは異なるロジックが導入されており、それが複数評価原理の会計として機能する可能性があることが示された。しかも、経済に対抗して導入される環境や社会という新しい価値は、経済価値と融合するものでも相反するものでもなく、それと並置されるという位置づけにおいても、三つの指針は共通している。これは複数評価原理の会計として最も重要な点である。これらのスタンダード、ガイドライン、フレームワークが、すでに国際的に認知されて世界的にある程度普及していることは、国際社会が企業に対して経済だけでなく環境や社会の価値も取り込むことを要求していることの証左とも言うことができよう。しかし、複数評価原理の会計は、MFCAや「サステナビリティ報告」もしくは「統合報告」を導入すれば完成するという、単純なものではない。企業における経済目標の威力は圧倒的に大きく、単に環境や社会の指標を入れたくらいでは、根本的なところは大きく変わらない可能性があるからである。

MFCAに関しては、日本での多くの導入実践事例から、この点について、すでにいくつかのことが明らかになっている。MFCAは、環境保全効果のみならずコスト削減効果を持つということで、他の環境管理手法よりも経営者の注目を集めたため、企業への導入が進んだことは事実である。企業によっては、環境管理の手法としてだけでなく、コスト削減のための生産管理の手法としてのＭＦＣＡに注目したケースも少なくなかった。しかし、生産管理の手法としてＭＦＣＡを理解するということは、とりもなおさず、環境保全の手法としてではなく、経済目標遂行の手段としてＭＦＣＡを位置づけることになり、そうするとわれわれが提唱する複数評価原理の会計からは乖離してしまうことになる。実際、生産管理目的でＭＦＣＡを導入した企業にとっては、ＭＦＣＡの意義は環境保全の効果ではなく、コスト削減効果で評価されることになるので、そこでは環境という価値は経済という価値に従属することになり、環境にとって価値があっても経済的に価値のないものは採用されないことになってしまう。

筆者がかかわった共同研究において、ある企業のＭＦＣＡの長期にわたる変遷を観察したが、企業全体の環境経営という目標が後景に退くようになると、ＭＦＣＡにおいても環境よりもコスト削減という経済目標が重視されるようになる。ＭＦＣＡはコスト削減という観点から見れば、他の環境管理手法よりは優れてはいるものの、一般的な生産管理手法と比較すれば効率的ではないため、経済的なロジックだけでは継続が難しいことが明らかにされた[30]。これは、ＭＦＣＡを導入した比較的多くの企業に見られる現象で、ＭＦＣＡを複数評価の原理として企業に継続的に導入しようとしても、企業が単独で実施しているうちに、時間の経過とともに経済的価値に従属してしまうようになるのである。

また、アジア諸国では近年ＭＦＣＡの普及事業がいくつか見られるが、そこではリーン生産や５Ｓ活動のような生産性向上運動の一環として導入されている事例が多く[31]、そうなるとＭＦＣＡは複数評価原理の会計ではなく、経済を環境で補完するための手法となってしまっている。もちろん、環境保全の面から経済目的を補完することは、そのこと自体は批判されるものではなく、MFCAの効果を証明するものであるが、「経済の時代」から「人間の時代」を目指すための複数評価原理の会計としては十分ではないというだけである。

同じことはGRIスタンダードに基づく「サステナビリティ報告」やIIRCフレームワークに基づく「統合報告」にも当てはまる。GRIスタンダードおよびその前身のGRIガイドラインやIIRCフレームワークには、経済界からは強い支援があるものの、環境保護派からはビジネス寄りであるという批判が絶えない。特に、「統合報告」に対しては、そもそも財務資本提供者を他のステークホルダーよりも一段上位に位置づけている点で、ビジネスの論理に支配されているとの批判が強い。実際、GRIガイドラインやIIRCフレームワークの制定には、多くの経済団体や投資家が積極的にかかわっており、経済団体や投資家がかかわる時点で環境や社会という視点が弱められていると批判されることになる。[32]

しかし、経済団体や投資家がかかわるからといって、それが即座に経済に支配されていると見るのは短見であろう。投資の世界には、経済だけではなく、環境や社会やガバナンスを重視して投資するESG投資が一定の勢力を持っている。すでに、世界の有力な投資機関がESG投資を約束する「責任投資原則」に署名しており、[33] 世界最大の年金基金である日本のGPIF（年金積立金管理運用独立行政法人）も二〇一五年に署名した。ESG投資を実施する機関の中には、社会変革を目指して株式投資を利用しようという団体も含まれるが、その多くは公的年金基金に代表的に見られるように、経済的な目的だけでなく、環境や社会にも配慮しようというものである。そのような機関から見たとき、「サステナビリティ報告」や「統合報告」が、経済的な価値だけでなく、環境や社会への価値も適切に報告しているか否かが問題となるのである。

したがって、投資家寄りということは必ずしも経済目的に支配されていることを示すわけではないが、企業が本当に環境や社会指標を重視しているかどうかは、さらに踏み込んで考える必要がある。たしかに、企業は「サステナビリティ報告」や「統合報告」において、経済のみならず、環境や社会事項について報告している。KPI（主要業績指標）として財務指標と並んで環境指標や社会指標を掲載している企業は今や少なくない。しかし、非財務指標をKPIとして開示していることと、実際に、経済指標と同格の指標として環境指標や社会指標を活用しているかは全く別の問題である。単に報告しているだけであるならば、「サステナビリティ報告」も「統合報告」も複数評価原理の会計のレベルに到達しているいると言うことはできないであろう。

ここまでの議論をまとめるならば、MFCAも、「サステナビリティ報告」や「統合報告」も、経済評価による一元的支配を突き崩す複数評価原理の会計としての可能性を持つことは示された。しかし、実際の企業現場での運用において、経済評価と同じレベルで環境や社会面からの評価を導入しえているかについては疑問が残ることも明らかとなった。つまり、複数評価原理の手法だけでは、強力な経済のロジックに対抗できないことが懸念されるのである。われわれは、経済のロジックを排除するのが目的ではなく、経済のロジックに加えて他の評価原理を導入して、評価の方法を複数化すべきであると主張するものであるが、それですら、放っておくとすぐに経済のロジックに侵されてしまう。社会環境会計をめぐるこれまでの多くの提案が、十分な成功を収めることができなかった原因はここにある。

しかし、MFCAやGRIスタンダードあるいはIIRCフレームワーク等を、経済のロジックを超えられない手法として烙印を押すことは適切ではない。なぜなら、デリダが主張するように、計算可能な尺度しか、計算不可能なものに接近する方法はないからである。少なくとも、そこには実践的な可能性が残されているので、その可能性を掬い上げることが求められる。

この問題を克服して、複数評価原理の会計を貫徹するためには、それを推進するプレーヤーが重要となる。複数評価原理の会計はあくまでも手段に過ぎない。そこに、経済価値を多様化する可能性があるとしても、実践の中で経済価値に取り込まれてしまうようでは、社会の多元化という意味では希望がない。そのためには参加者の多様性が必須となる。第1章で詳述したように、公共性の条件とは人間の複数性であり、多様性が生命線である。経済組織としての企業は原理的に経済の論理に支配されているため、それだけでは経済価値の支配的な地位を克服することができない。企業だけでは解決できないのであれば、企業という私的組織体を社会に対して開き、多様な価値観を持つステークホルダーを参画させなければならない。次章では、そのための企業を社会に開くためのロジックと制度について検討したい。

注

1 カント（1785/2012）p. 154.

2 測定（measurement）と評価（valuation）という用語は、慣習的には、計測システムの厳密性をもとに、厳密さが高まれば測定、あいまいさが混入する度合いが高ければ評価という用語が使用される傾向があるが、完全な計測方法が原理的に存在しない以上、その差異は相対的なものでしかない。したがって、本章でも測定と評価は慣習的な語用に従って使用するが、その差異は重要ではなく、ほぼ同義の用語として使用している。

3 Skeggs（2014）p. 16.

4 Latour and Callon（2011）p. 181.

5 高寺（1992）.

6 山脇・金（2006）. これらの公共哲学者からの会計批判は重要な問題提起であるが、彼らが想定するような新しい会計は簡単には実践できないことについて、國部（2015b）で論じている。ちなみに、倫理学者の加藤尚武は幸福が計算できないものであることを倫理学の視点から論証している。加藤（1997）第五章参照。

7 ナンシー（2008/2012）p. 148.

8 ナンシー（2008/2012）p. 150.

9 Stark（2009）. なお、スタークの理論が会計学の文脈でも成立することを示した研究として、Chenhall *et al.*（2013）がある。

10 Stark（2009）p. 211/p. 391.

11 Stark（2009）p. 212/p. 392.

12 ボルタンスキーとテヴノーの著書は一九九一年にフランスで発行されたが、二〇〇六年に英訳版が刊行されて、英語圏にも影響を与えつつある。日本語訳では副題の“Les economies de la grandeur”が、「偉大さのエコノミー」と訳されているが、英訳版では“Economies of Worth”となっている。なお、ボルタンスキーとテヴノーの会計研究への影響については、Annisette and Richardson（2011）を参照されたい。

13　ボルタンスキーとテヴノーの研究が重要なのは、経済に関する側面だけでなく、それ以外の日常生活の重要な側面でもworthがあり、それが社会的に構成されていることを示したことにもある。人類学者の中川理は、このような側面に注目して人類には日常生活をアカウンタブルにする集合知が存在すると主張する。ただし、彼は、人間の日常生活には、アカウンタブルな世界に回収されない不確実性が必ず残ることも同時に指摘している。中川（2009）参照。

14　リクール（1995/2007）pp. 112–134.

15　ウィトゲンシュタイン（1933/2003）6.41. 日本語版は「価値」、英語版は“value”であるが、オリジナルのドイツ語では“Wert”である。

16　デリダ（2003/2009）p. 110.

17　Power（1994）p. 387. なお、ここでの「環境コスト」とは外部不経済としての環境コストを念頭に置いていると考えられる。

18　パワーの研究については、Power（1997：2007）等を参照されたい。

19　アガンベン（2005/2005）は「瀆神は、権力の諸装置を無力化し権力が剝奪していた空間を共通の仕様へと変換する」（p. 12）と主張する。

20　アガンベン（mimeo/2006）p. 93.

21　筆者はＭＦＣＡの日本への導入段階から密接に関与しており、経済産業省のプロジェクトにかかわると同時に、ＩＳＯの国際規格化も議長として主導してきた。ＭＦＣＡの詳細については、中嶌・國部（2008）を参照されたい。

22　原価計算の手法としてはマテリアルロスを度外視しない方法も、「非度外視法」という名前で計算技術上は存在するが、実際には採用されていない。ただし、正常な生産条件から逸脱して生じるマテリアルロスの場合はこの限りではない。

23　ISO14051（2011）Introduction.

24 このあたりの詳細については、國部（2012）を参照されたい。

25 ISO26000（2010）5.3.1.

26 細かい議論をすれば、財務報告とサステナビリティ報告を単に合体させただけでは「統合報告」ではないという主張もあるが、そのような細部の区別は本書では重要ではない。

27 IIRC（2013）1.1.

28 IIRC（2013）1.8.

29 IIRC（2013）4.19.

30 詳細については、東田ほか（2017）、東田・國部（2014）を参照されたい。

31 筆者は、二〇一六年にベトナム、タイ、台湾を訪問し、ＭＦＣＡの現地調査を行った。この部分は、その結果に基づいて記述している。アジア諸国のＭＦＣＡ導入に関しては謝（2016a；2016b）も参照されたい。

32 たとえば、Levy *et al.*（2010），Milne and Gray（2013），Flower（2015）等を参照されたい。

33 「責任投資原則」は二〇〇六年に国連環境計画と国連グローバル・コンパクトによって制定され、環境、社会、ガバナンスを重視するＥＳＧ投資の流れを国際的に作り出した。

第4章 企業を社会に開くには

価値の多元性の実在を認め、寛容を称賛するだけでは不十分である。

――シャンタル・ムフ『政治的なものについて』[1]

1 企業と社会

アカウンタビリティを鍵概念として、「経済の時代」から「人間の時代」へ至るべき道筋について考究してきた。これまでの議論をまとめると、以下のように述べることができる。「経済の時代」から「人間の時代」へ転換するためには、現在の経済中心の社会の中に人間の複数性を復活させる制度や手段が必要となる。そのためには、経済による一元的評価を普及させる手段として機能してきた会計を改変することが求められる。それには、これまで資源や権限の委譲を前提に構築されてきた会計の基礎であるアカウンタビリティをこの桎梏から切り離し、無限のアカウンタビリティとして再定式化することが望まれる。これは、既存の会計制度に対する根本的な挑戦となるが、実際には単一評価原理の会計を複数評価原理の会計へ転換するところから始めることが実践的な対処方法であると考えられる。現状でも、MFCAや、GRIの「サステナビリティ報告」、IIRCの「統合報告」などに、複数評価原理の兆候を見いだすことができる。しかし、それぞれ課題も少なくない。多くの課題の中でも最も根本的な問題は、私的組織である企業に対して、どのようにして経済以外の複数目標を追求させることができるのか、ということにある。これには、たとえ経済以外の複数目標が導入されたとしても、それらが経済目標に従属しないように独立性をどのように維持するのかという問題も含まれる。

企業に対して経済目標以外の行動を要求することは、実は難しいことではない。環境基準の遵守にしても、労働環境の維持にしても、地域社会との関係にしても、多くの法律や種々のガイドライン、行政指導などで企業活動は規制されている。しかし、それでも問題が解決されない以上、さらなる規制を作るべきなのか、あるいは企業の自発性に委ねるべきなのかは、社会における政策選択の問題である。この点については、過去、相当長い期間にわたって議論されてきた。しかし、二〇世紀後半に資本主義陣営において新自由主義の動向が支配的となり、社会主義陣営が崩壊してからは完全に潮目は変わり、規制緩和・市場重視の新自由主義的政策が政党の相違を超えて採用されるようになった。その結果、環境や社会に関する事項でも企業の自発的な行動が重視されるようになり、それを反映して、強行法規であるハードローに比べて、デファクトスタンダードとしてのソフトローの役割が格段に重要性を増すようになってきた。

たとえば、EUでは、二一世紀の最初の一〇年間の政策設計のために、二〇〇〇年にリスボン戦略を策定した際に、企業の社会的責任（CSR）に政策的に取り組むことを表明したが、これは、企業の社会的な側面に対する政府の役割の一部を企業に委譲することを意味している。このことによって企業の責任は増すが、企業はその対価として規制されない自由を得ることになる。EUは、二〇〇一年のCSRに関するグリーンペーパーにおいて、CSRを「企業が社会問題および環境問題を事業活動およびステークホルダーとの相互関係に自主的に統合する概念」[2]と定義したが、これは、それまで政府の役割としていたものを、規制緩和を条件に企業の自主的な役割に転換したことを意味する。さらに、二〇一一年にはEUはこの定義を見直し、「社会的責任を完全に満たすためには、社会、環境、倫理、人権、消費者問題を、ステークホルダーとの密接な協力のもとで、事業活動と中心的な戦略に適切に統合するためのしかるべきプロセスを持つこと」[3]までを求めるようになり、CSRを企業経営の中心に位置づけよと要請するに至っている。

このようなEUの姿勢は、現在では、社会や環境問題をめぐる企業の標準的な対応方法となっている。もちろん、法規制を放棄するわけではなく、法律の範囲を超えた部分は企業の自主的な対応で対処するという意味である。これには、過剰な規制が企業行動を阻害するという懸念もあるが、それとともに、環境や社会問題は、人間の価値観に依存するもので、一元的な法規制には馴染まない部分が多くなってきたことも影響している。たとえば、地球温暖化も生物多様性も重要であるが、そのどちらが重要なのかは法律では決めることはできない。また、人間の社会的ニーズをいちいち法律で掬い上げることは不可能であるばかりでなく、人間のニーズという無形のものを有形の法律に固定化することの弊害も無視できない。このような動向のもとで、近年は、各国または国際的な法規制よりも、企業の自主的な行動を促進するための原則、スタンダード、ガイドライン、ガイダンスなどが重視されるようになってきている。このようなソフトローを発行する機関も、経済のグローバル化を反映して、国家だけではなく、国連や国際標準化機構（ＩＳＯ）のような国際機関や、ＧＲＩなどの国際的なＮＧＯの役割が大きくなっている。

しかし、このような企業の自主性に委ねる手段だけで、果たして私的組織である企業を社会に開き、私的領域の公的領域化が可能となるのか。たしかに、多くのグローバル企業は、今やＣＳＲの専任部署を置き、ＩＳＯの規格を遵守し、サステナビリティ報告書を発行している。しかし、現状で十分なのであろうか。企業の自主性に任せるだけで、経済のメカニズムの中に人間の要素を復活させることができるのであろうか。企業の自主性に依存する政策の有効性について、国連から国際的な人権保護の原則の策定を依頼されたハーバード大学のジョン・ジェラルド・ラギーは、二〇〇六年から〇七年にかけて世界の大企業を対象とした三つの調査プロジェクトを行い、「自発的アプローチは、足がかりとするための重要な力であった」ことは認めたものの、その有効性を疑問視して、全体として次のように総括している。

「自発的基準の遵守を保証するための外部に対するアカウンタビリティメカニズムは、弱体であるか、まったく存在しない。企業関係者との幅広い議論から、私は、CSR活動全体が、企業の中核的なビジネスの機能には十分組み込まれていない傾向にあることも見いだした。最後に、ビジネスに基礎をおくイニシャティブは、ほとんどの場合、影響を受けた個人や地域社会が利用できるような手段を与えていなかった。[4]」

ラギーが対象としたのは人権問題であるが、状況は他の課題についてもほぼ同様であろう。しかしそれでも、ラギーは、人権問題を国際法で対処することについては、問題はあまりにも複雑で、国家はあまりにも対立しすぎているため、法的対応は現実的ではないとして、自発的アプローチを採用することを決断する。そこで生まれるのが、ラギー原則と呼ばれる国連の「ビジネスと人権に関する指導原則」である。この原則は、単に企業の自主性に任せるだけのものではなく、国家による人権の保護・尊重の義務を明記させることと、人権侵害に対する救済の手段（司法的手段と非司法的手段の両方を含む）をセットにしたソフトローとして画期的なものであった。実際、人権侵害が行われている場面では、いくら理念を繰り返しても意味はなく、具体的な救済手段が必要となる。理念はこのような制度の裏打ちがあって、はじめて有効に機能する。企業を社会に開いて、そこに公的空間を創り出すためには、ラギー原則のように、企業に自主的活動を奨励するだけでなく、そのような行動と結果を担保させる制度と手段が必要になるのである。

ラギーの場合は、国連から権限を与えられていたので、一定の成功を収めることができたが、数限りない社会問題に対処するためには、より一般的なフレームワークが必要となるであろう。EUがCSRを政策的に展開することを宣言してから二〇年近い年月が過ぎ、CSRはEU以外の世界にも浸透し、企業の社会問題に対する関心は高まってきているように見える。企業は、社会に対して以前よりは開かれてきたと言えるかもしれない。しかし、社会に対して開くといっても、自分の都合のよいときだけ開いて、都合が悪くなるとすぐに閉じるようだと、これは社会に対して開かれているとは言えないであろう。そのためには、社会に対して開くことは、企業の自由裁量で決められることではなく、企業の根本的な責任であることを、社会全体で認識する必要がある。この最も重要な基盤に対する理解が不十分では、そのうえにどのようなソフトローを築き上げても、その実効性は一瞬で消滅するリスクを常に孕むことになってしまう。

したがって、企業が社会に対して開くことを要求する一番の根本には、何らかの強い根拠が求められる。現在の世界の統治方法を考えれば、そこにはやはり法的根拠もしくはそれに類するものが必要となろう。これを新たに創設するということになれば、それは資本主義を創りかえるような大事になってしまうかもしれないが、既存の信任義務（fiduciary duty）に基礎を置くことで、企業に対して倫理的行動を要求できるという主張がなされている。われわれも、ここを最初の突破口として企業に迫っていきたい。

2 信任義務から企業に迫る

人間が社会の中で生きていくためには信用が不可欠だが、これは誰かが誰かに何かを託し、託された人がその期待に応えるという関係の中で育まれることになる。この託されるものが、託した人の生活に大きな影響を与える場合、託された人の行動には何らかの制約が必要となろう。そのようにして生まれてきた法律が信任法[5]（fiduciary law）であり、その起源は中世のイギリスにまでさかのぼることができるとされる。ちなみに、日本では民法第六四四条において、「受任者は、委任の本旨に従い、善良な管理者の注意をもって、委任事務を処理する義務を負う」と規定されており、これはいわゆる善管注意義務として、株式会社の取締役にも適用される（会社法第三三〇条）。さらに会社法では第三五五条で、「取締役は、法令及び定款並びに株主総会の決議を遵守し、株式会社のため忠実にその職務を行わなければならない」と規定しており、こちらは忠実義務として、取締役の信任義務を規定している。しかし取締役が、どのような行動をとれば、善管注意義務や忠実義務違反とならないかについては、会社法上の規定は明らかではない[6]。

信任法発祥の地である英米においては、信任法はコモンローであるから、会社の取締役が誰から何を委任されて、どのような責任を負うのかについては、常に論争の的とされてきた。法律によってその責任の存在を示すことはできても、内容まで規定することができないということは、まさに無限のアカウンタビリティが想定する責任概念と合致する。第2章でデリダによる法と責任および正義との区別を議論したが、信任法はその内容が確定されていないという点で、無限の責任の根拠になりうるのである。株式会社の取締役の責任に関しては、法律の専門家の間でさまざまな議論が展開されている。しかし、われわれは、法学論争の結果としてではなく、ロジックとして、企業を社会に開く根拠として信任義務が位置づけられるかどうかを検討していきたい。

信任義務の観点から、取締役の法的責任を広く捉える代表格に、アメリカの法学者タマル・フランケルがいる。信任法が専門のフランケルは、裁判所が企業活動に干渉する根拠として、「会社経営陣が会社の業務範囲を超えて、社会に関わる領域に踏み込む場合、経営陣は私人関係の法である信任法だけでなく、公共信託法理に従った義務を課されうる」[7]と説明し、委任者と受任者の関係を規定する信任法に加えて、本来、一般市民の利益のために財産を託された政府の信任義務である「公共信託法理」が、経営者に対しても課される可能性を指摘している。公共信託法理は何らかの財産を委託することで成立する信任関係であり、これが経営者に倫理的な責任を求める法的根拠として重要であることをフランケンルは主張しているのである。

この問題について、経済学者の岩井克人は株式会社の構造面から分析し、株式会社には経済的な契約に還元されない部分が信任として存在していることを解明した。岩井は、株式会社は、株主が会社をモノ（株式）として所有する側面と、会社がヒト（法人）としてさまざまなステークホルダーと契約を行って会社資産を所有する側面の二重の構造から成立しているとして、以下のように説明する。

「内部の所有者と外部の契約者との関係を簡略化しうる会社の法的な主体性とは、本質的に間主体的あるいは社会的な性格をもつ。すなわち、それは供給者や労働者や顧客や銀行などの外部の主体によって承認されなければ、どのように内部で工夫を凝らしてみても、所有者間の契約関係だけで確立することは不可能なのである。会社が主体となるためには、何らかの意味での社会的承認の存在が不可欠であり、法人という制度はその社会的承認を法律的に形式化し、さらに強化したものに他ならない。[8]」

ここでの「法律的な形式化」の中心には、信用の受任者が委任者に対して負う信任義務が存在しており、その根拠を信任法（信託法）に求めることができると岩井は主張する。[9] 先に述べたように、日本の会社法では第三五五条において、取締役の責任としての忠実義務を規定している。この取締役の忠実義務は、株主に対しての義務ではなく、会社に対しての義務であり、会社とかかわるすべてのステークホルダーと関係するものと考えるべきであるとするのが、岩井の主張の骨子である。

ただし、この義務が誰に対するものなのかについて、法学者の間では多くの論争がある。特に、経営者の信任義務が株主に対する責任だけなのかどうかが、一つの焦点になっている。実際には、アメリカでの判例をもとにして株主に対する責任であるとする見解が多数派ではあるが、[10]「アメリカ会社法のスタンスは原理主義的な株主主権論である」という見方は必ずしも正確ではないとする指摘もある。[11] しかし、われわれの立場から重要なことは、学説としての優劣ではなく、信任法が会社（企業）を社会に開く基盤としてのロジックを有しているか否かにある。ロジックさえしっかりしていれば、それが実践に影響して、コモンローの世界では解釈が変わる可能性もある。その意味では、岩井が指摘するように、会社経営者はすべてのステークホルダーとかかわる主体としての会社に対して法的に信任義務を負っており、その内容は法や契約で明確にすることはできない、という理路が重要である。そのように考えれば、法や契約で明確にできない以上、何らかのプロセスを経て、その内容を決定するべきであるという主張に法的根拠があると考えることができるのである。

ちなみに、前章で言及したGRIスタンダードでは、経営者の信任義務という根拠づけは見られず、そこでの報告主体は「組織」であり、人間としての経営者の責任という観点は希薄である。一方、IIRCフレームワークでは、「資本が組織に帰属している場合、スチュワードシップに関する責任は、法的責任という形で経営陣およびガバナンス責任者に課せられる[12]」と法的責任に言及しているものの、「スチュワードシップに関する法的責任がない場合であっても、スチュワードシップに関する責任を受け入れる倫理的責任を負うことになる場合や、ステークホルダーの期待に応じる形で、その責任を受け入れる場合がある[13]」とも記述しており、倫理的責任を明記する一方で、それは法的責任外ともとれるように説明されている。しかし、信任法の精神からすれば、これまでの行論から明らかなように、倫理的責任という法的責務が課せられていると考えることが可能であり、経営者の倫理に訴える根拠として、法的根拠を持つ信任義務の側面を強調することができるのである。倫理的責任を法的根拠を持って要求する立場に立てば、たとえその内容は任意に決定できるとしても、企業に対して自主的に倫理を要請するアプローチに比べて、はるかに強く経営者に影響を及ぼすことができるであろう。

しかし、信任義務といったところで、具体的な内容は受任者に委任することになるわけであるから、次にその内容を決定するプロセスの構築が必要である。GRIスタンダードやIIRCフレームワークが対象とするのはその内容の問題である。この問題は本質的に倫理・道徳の問題であり、法律や規則で解決することはできない。信任法に関する幅広い理解が浸透して、経営者を社会や環境問題を議論する公的領域に連れてくることができたとしても、次に直面するのはこの問題である。前章の議論で見たように、たとえ社会や環境に関する目標を企業組織の中に取り込むことができたとしても、最終的に経済的な目的の下位に取り込まれてしまっては、「経済の時代」から「人間の時代」への転換は望めない。われわれはこの部分についても強力な理論的思考を必要としている。次に考えるのはこの問題である。

3　闘技的多元主義という思考

経営者の社会に対する信任義務という法的責務が広く認知されたとしても、経済目標以外の複数評価の原理が企業の中に導入される保証はない。それどころか、経営者の信任義務に関しても、社会や環境問題を含む倫理的責任にまで拡張して理解を広めるためには、実際には相当の努力が必要となろう。企業に対して社会的責任が重要だという主張はもはや常識化している。世界の多くの経営者も社会的責任や環境責任を最大限重視すると謳っている。それにもかかわらず、世界的なレベルで企業の経済活動に起因する社会問題や環境問題が十分に克服されないのはなぜなのか。

この問題について、社会学者のニクラス・ルーマンは、経済組織体である企業に対して環境問題への対応を要求しても、企業という組織の構造を理解しなければ無駄であると述べ、以下のように指摘をしている。

「(社会が環境との関係の改善を望むならば、企業がどのように反応すべきか、あるいは反応しなければならないかという――引用者注)処方箋は、結局、消費する資源を減らしましょう、大気中に放出するガスを減らしましょう、生まれてくる子供を減らしましょう、といった具合に要請することになるだけである。そのような問題の立て方をする者は、社会を無視して請求書を書いているに過ぎない。[14]」

ルーマンは独自の社会システム論の提唱者として今なお示唆に富む多くの著作を残している。この主張は、その観点から、企業という経済システムの原理を無視して、システムの枠外の事項を要求しても、それが実現される見込みはないことを述べているものである。それならば、どのようにすれば経済の中に環境や社会の事項が織り込まれるかといえば、経済システムの構成要素である経済取引の中に環境が織り込まれる必要があるとして、次のように主張する。

「環境が経済に織り込まれ、量の計算と効用の計算を通じて内部化することに成功する限りにおいてのみ、（……）環境を大事に扱うことに対する経済的動機が存在しうることになる。その場合、環境の状態や出来事に対する共鳴は、価格および価格への影響を通じて制御される。[15]」

すなわち、環境への対応（社会への対応の場合も同じ）が、企業目的である経済活動にかかわらない限り、つまり環境対応が経済的にプラスになるとか、損失を抑制するとか、そのような具体的な経済効果を伴わない限り、企業は自主的には環境保全活動を行わないとルーマンは主張するのである。したがって、企業に自発的な環境や社会への対応を促すためには、経済と結びつけることが、これまで重要な政策課題となってきた。環境税や排出権取引はまさにその典型であり、このような経済メカニズムは現在の環境規制では非常に重要な位置を占めている。また、ＩＳＯ規格のような自主的な環境マネジメントシステム規格の導入も、環境保全目的だけでなく、エネルギー費の削減効果や、取引条件として有利であるという経済効果が強調されてきた。たしかに、企業に環境対応を促すために、経済と連携するところから始めることは、具体的な環境保全を進めるという目的に即しては有効な面を持つため、一概に否定されるべきではなく、むしろ政策によっては奨励されるべきであろう[16]。

しかし、「経済の時代」から「人間の時代」へというパラダイム転換を目指す場合は、すでに議論したように、企業に対して、経済と関連させて環境問題の履行を促すだけでは、根本的な解決にはならない。それどころか、逆効果も懸念される。なぜなら、アーレントの主張する公共性の観点からすれば、環境と経済の連携によって私的領域の公的領域化が促進される保証はなく、逆に、環境という公的領域の経済化、すなわち私的領域化が促進されてしまう恐れがあるからである。たとえば、ハーバード大学の政治哲学者マイケル・サンデルは、排出権取引について、「排出権の国際市場をつくれば、条約の定める責務を果たすのは容易になるが、環境についてはぐくむべき倫理には傷がつく」[17]と主張し、温室効果ガスの排出権取引を公的問題の私的問題化と見て批判している。排出権取引以外にも、気候変動の防止のために、多くの経済メカニズムが導入されてきたし、その傾向は今後も継続すると予想されるが、それらはすべて公的領域の私的領域化を促進する危険性を持つ。しかも、このような方法によって、気候変動問題が解決に向かえばよいが、その十分な証拠はない。それは、環境という公的問題を経済メカニズムの中で解決することは、部分的な改善や緩和であれば可能かもしれないが、経済が原因で生じている問題を経済で解決しようとする構図そのものに、原理的な無理があるからである。

したがって、われわれが主張している無限のアカウンタビリティのもとで複数評価原理の会計を企業に要求するためには、環境と経済の連携を目指す方向とは、全く異なる立場に基礎を置く必要がある。ルーマン流に考えれば、経済システムとは異なるシステムを企業に導入する必要があることになる。そのためにはどのような理論的立場から、企業にアプローチすればよいのであろうか。ここではその一つの指針を、ベルギー出身のイギリスの政治哲学者シャンタル・ムフが提唱する闘技的多元主義／民主主義（agonistic pluralism/democracy）に求めて、検討していきたい。

ムフは、エルネスト・ラクロウとの共著[18]において、ポストマルクス主義の立場から新しい民主主義のあり方を模索し、その後、民主主義における意見の対立を民主主義の条件とみなす闘技的民主主義の思考を樹立して、現代の政治学に大きな影響を及ぼしてきた。ムフによる闘技的民主主義の主張は、民主主義の二つのテーゼである自由と平等が本質的に融合不可能であるという根本的な理解を前提に、その妥協点を探すのではなく、両者の対立の中に民主主義の条件を求めるものである。自由と平等を無理に融合させようとすることは不可能であるばかりでなく、民主主義の本質の否定につながるものとして強く批判される。しかし、ムフが考える「対立」は、敵と味方に分かれて、敵を殲滅するようなものではない。それは彼女が採用した用語からも明らかなように、競技場における「闘技」のようなものと位置づけられており、対立者は敵（enemy）ではなく対抗者（adversaries）として理解され、両者の永続する闘技のプロセスの中に民主主義の根源的な価値があるとされるのである。

ムフのこのような主張は、ハーバーマスが主張するような合理的な熟議によって合意を目指す熟議民主主義（deliberative democracy）[19]や、自己準拠的な近代という理解のもとで対抗者の概念が消滅しつつあり、個人の感情が重視されるようになることを主張するアンソニー・ギデンズの感情の民主主義（emotional democracy）[20]などに対する強烈なアンチテーゼとなっている。ムフは、対抗者の概念が消えつつあるというギデンズの主張を否定し、ハーバーマスが主張するような最終的な合意にはいくら理性を尽くしても到達できないだけでなく、それは民主主義の本質を見誤っているとして、次のように厳しく批判する。

「普遍的で合理的な合意の可能性を信じることは、民主主義的思考を誤った道へと導いていくと私は考える。民主主義の理論家と政治家の任務は、一般に『不偏不党』と信じられている手続きにしたがいながら、対立する利害と価値観のすべてを宥和に導く制度を立案することではない。互いに異質でヘゲモニーを争う複数の政治的プロジェクトが対決するような、論争のための活気に充ちた『闘技的な』公共領域の創造を構想することが任務になるべきなのだ。[21]」

このようなムフの政治的な主張の背後には、相対主義を基調とする現代哲学の理論がある。ムフは、ウィトゲンシュタインをしばしば引用し、言語ゲームの観点から真なる命題は存在せず、規則に従った行為の中でしか現実は営まれないことを繰り返し主張する。ウィトゲンシュタインは、世界の中に真理という根拠は存在せず、規則に従った言語ゲームという実践があるだけであることを論証して、二〇世紀の哲学を作り替えた人物であるが、ムフにとっては、ウィトゲンシュタインが言うように「真理に根拠があるならば、その根拠は真でも偽でもない[22]」わけであるから、特定の見解（根拠）が支配的になってしまうような政治体制は好ましくないことになる。したがって、理性的な手続きによって合意に到達するというハーバーマスの考え方は間違っているだけでなく、特定の思考の支配力を強めてしまう危険性を持つため棄却されることになる。問題となるのは結果としての合意ではなく、最初から何らかの合意を目指そうとする目に見えない圧力である。これが民主主義の敵であるとムフは厳しく指弾するのである。

「われわれは、合意と透明性を目指さずにたった一つの民主的な見解を押し通そうとする試みに対して懐疑的な民主主義に反対すべきである。われわれの考え方は、合理主義の危険に注意を払いつつ、決定不可能性を支配したり消去したりすることを夢見たりしない。なぜなら、決定不可能性こそが、決定の、それゆえ自由と多元主義の可能性の条件そのものであることを理解しているからである。[23]」

このようなムフの闘技的多元主義／民主主義の主張は、本書がこれまで基調としてきたアーレントやデリダの主張と極めて近いことが理解されよう。アーレントが理想とした公共空間での討議は、ハーバーマスが想定するような合意を目指すものではなく、独立した複数の人間同士の徹底的な討議（ムフの言葉では闘技）を前提としていたはずである。またデリダは、正義とは決断不可能なことを決断することであると繰り返し主張し、決断不可能性を理解しない正義の理解は正義ではないと強く批判している[24]が、決断できないことを決断する以上、それは合理的な理性では判断できない。したがって、政治プロセスもそのような理解を前提として設計されるべきとされるのである。

もちろん、闘技的民主主義と熟議民主主義は対立するものではなく相互補完的に理解することもできる[25]。闘技的民主主義においても結果として合意に達することは否定されていないわけであるから、手続き的に補完関係を構想することはできるし、それは多くの場合望ましいものであろう。その意味で合理的な手続きを重視する熟議民主主義の技術的な側面は、闘技的民主主義の文脈でも有効なものである。しかし、ここで問題とされていることは、民主主義の手続きではなく、最終的な到達点を何に求めるかという民主主義に対する姿勢の問題である。闘技的民主主義は、熟議民主主義において、合意が特権化されていることを批判するのであって、それ以上でもそれ以下でもない。なぜ、合意が特権化されてはならないかと言えば、最終的に融合できないものが存在するからであり、それがムフの言葉では「敵対性」ということになる。しかも、この「敵」は殲滅すべき「敵」ではなく、闘技の相手として政治的なプロセスの場に乗せることが必須になるのである。したがって、ムフは次のように主張する。

「民主主義理論にとって根源的な問題は、政治的なものを構成する敵対性の次元に、政治的連合体を破壊しない表現形態を与えるためにはどうすればよいのかというものである[26]。」

ムフが主張する敵対性の次元の根幹には、自由と平等という二つの価値観の根本的な対立があることはすでに述べたとおりである。これが多元主義の根幹にある。この対立によって政体が崩壊しない仕組みが確立されれば、永遠に続く闘技＝討議によって、民主主義のプロセスが循環し、抑圧的ではない形式での「解決」を追求する道が開かれることになろう。しかも、ムフの主張は、敵を排除するのではなく、同じ土俵に乗せようとする議論であり、それが成功すればより多くの他者を包摂することが可能となる。これは、デリダが主張する「来るべき民主主義」の姿そのものでもある。民主主義とは完成することのできないものであり、それは常に「来るべき」場所にのみ存在しているというのが、デリダの主張の骨子であるが[27]、そのためには常に完成された民主主義へ向けた実践を続ける政治の仕組みが必要となる。ムフが目指すのはその制度化である。

しかし、ムフが取り組んできた対象は、民主主義という政体である。これは完全ではないにしろ、すべての人間に開かれた場として機能するように、古くは一八世紀のフランス革命の時代から、多くの悲劇的な失敗を繰り返しながらも、それを克服するために人類の叡智が注ぎ込まれてきた場でもある。そこでは万人に向けた開放性が根本的に重要になる。しかし、われわれが対象としているのは、私的組織としての企業である。企業という私的空間をムフの主張する闘技的多元主義／民主主義で開くことは、どのようにすれば可能なのであろうか。たしかに、ムフの理論だけでは企業をこじ開けるのは難しい面もあろう。そこで鍵を握るのが、闘技＝討議の根本にある対立（多元性）の概念を、企業というコンテクストにおいて操作可能にする方法である。

民主主義の場合は自由と平等の対立であったが、企業の場合は、われわれの視点からすれば経済と人間の対立である。正確に言えば、経済と人間の中で経済に包摂されない部分との対立になる。人類の生誕が経済よりはるかに先立つ以上、人間が経済の中に解消されることはありえない。しかし、経済の膨張は人間を過剰に侵食してきた。その結果が、現在さまざまな形で顕在化している多くの社会問題なのである。したがって、ムフの闘技的多元主義／民主主義を企業に援用するならば、企業という私的組織における経済と人間の対立軸を鮮明にする手段から検討を始めるべきであろう。人間という言葉があまりにも抽象的であるとすれば、それは経済以外の価値と言い換えてもよい。これは前章で述べた複数評価原理の会計が表現しようとする対象である。ここにムフの議論と複数評価原理の会計が結びつく可能性がある。この点については、すでに会計学の領域で議論されているので、次節ではそれらを参照しながら考察を深めていくことにしよう。

なお、ムフの闘技的多元主義／民主主義を企業に適用した事例としては、グリーンピースのような企業と対立して行動を是正しようとするＮＧＯの活動をあげることもできる。実際に、グリーンピースのような企業に対する対抗型のＮＧＯは、安易な妥協を拒否して、これまで多くの活動成果を上げてきている。しかし、われわれは、このような具体的な問題を対象とするＮＧＯを取り上げるのではなく、人間そのものが経済とそれ以外の価値の間の相克に苦悩するという、より抽象的なポイントに考察の対象を絞りたい。なぜなら、われわれが対象としているのは、個別の問題の解決ではなく、全体システムの問題であり、そのためには普遍的な問題から出発しなければならないからである。

4 対話型会計の構想

ニュージーランドのウェリントン・ビクトリア大学のジュディ・ブラウンとジェシー・ディラード

は、ムフの闘技的多元主義／民主主義の考え方に深く共鳴して、会計学の立場から精力的な研究活動を行っている。ブラウンとディラードは、最近一〇年の間に単著もしくは共著の形で、ムフの闘技的多元主義の構想を会計学に応用した数多くの論文を発表している。[28] 彼女らは、多元主義に基づく会計モデルを「対話型会計」(dialogic accounting)と名づけ、既存の会計である「独話型会計」(monologic accounting)から対話型会計への転換を提唱する。[29] ブラウンらが構想する対話型会計と独話型会計を対比すれば表4-1のようにまとめることができる。

表4-1の対比を見れば明らかなように、既存の会計を意味する独話型会計が、コンテクストに配慮せず、経済(財務資本)中心、客観的、討議抑制的、エリート支配であるのに対して、対話型会計は、コンテクストに配慮し、多元的(資本市場に特権を与えない)、主観的、議論奨励的、排除されてきた団体にも配慮的であるとされる。つまり、伝統的な会計すなわち独話型会計に対して、対話型会計は徹底的な多元性を追求する会計として構想されている。さらに、ブラウンは、対話型会計の原則として、以下の八つを示している。[30]

① 多元的なイデオロギーの方向性を認める
② 貨幣的な還元主義を回避する
③ 計算の主観的で競合的な性質を隠さない
④ 非専門家が接近可能とする

表 4-1　独話型会計と対話型会計の対比

独話型会計	対話型会計
歴史的，社会的，政治的文脈を無視することで会計を脱政治化する。	社会は，歴史的，社会的，政治的コンテクストの中で生起する競合的で対立的な主張として概念化される。
財務資本のニーズ，価値，前提が支配的であることを受け入れる。	多元的社会のニーズ，価値観，仮定を受け入れる（資本主義的市場の特権を与えることを拒否する）。
一つの客観的な基準がすべての人にとってベネフィットがあると考え，代替的なパースペクティブを否定し，議論のための要素を限定する。	基準や技術について，一つの客観的なものは存在しない。
識別可能で記述可能な一つの客観的な社会を仮定する。	参加者から構成される主観的な社会的現実を仮定する。
「事実」を提供する討論や議論を強制的に抑制する。	会計システムの対立する結果に関して討議や議論を奨励する。
支配的エリート層の一部の立場を普遍化する。	伝統的に排除されてきた団体や，公共世界の多元的な利害を反映するために，多元的表現を反映する外部性を包含する。
手段としての合理的技術は，株主の富の最大化と他の条件を管理することに焦点を置く。	手段的合理性は，対立の可能性を除外して，政治的行為を技術的問題に転換する。
中立的なフレームワークが，異なるステークホルダーに対して，彼らの利害を追求する機会を与えるので，その点で多元的であると主張する。	会計実践の対立性や望まれるアウトカムの異質性が認識される。

注：ブラウンの論文（Brown, 2009）に基づいて，ヴィナリとディラードがまとめたもの。
出所：Vinnari and Dillard（2016）p. 41.

⑤ 有効な参加プロセスを確保する
⑥ 権力関係に注意する
⑦ 対話型会計によって状況を転換させる可能性を認める
⑧ 非対話主義の新しい形式に抵抗する

この八つの原則はブラウンの対話型会計を議論するときにしばしば論及されるものであるが、多元性以外のキーワードとして、計算の側面では貨幣的還元の回避と主観性の認識、プロセスの側面では参加の概念が重視されている。貨幣的還元の回避について、ブラウンは、「貨幣評価は非経済価値を非人間化して価値を減じ、『あらゆるものの商品化』に貢献する」[31]と批判し、これに対して対話型会計では、もっと質的な評価が提供されるべきであると主張する。またブラウンは、対話型会計における参加プロセスの重要性を強調し、あらゆるステークホルダーに対してオープンであるだけでなく、非専門家も巻き込むように主張する。この点についてブラウンは、ディラードとの共著において、STSと略称される科学技術社会研究（science technologies studies：science technologies and society）の成果[32]を応用しつつ、科学を非専門家に対して開くための科学コミュニケーションの諸手法を会計にも応用することを提唱している。[33]科学に対する見方を多元化するための手法を、会計を通じて企業にも導入することによって、次のような意義があると、ブラウンとディラードは主張する。

「異なるパースペクティブからのサステナビリティ評価を報告したり、異なる意見を強調したりするような実践は、より広範な議論のためのより豊かなアウトプットを生み出すことに貢献し、そのとき指標は、集合的学習を促進するより社会的に強固な『討議を可能とする装置』となる。[34]」

このようにブラウンとディラードは、闘技的多元主義／民主主義の思考に基づき、企業の現場を会計によって多元化し、民主化することを目指して、会計を多様な意見を生み出し、論争させる手段として機能させることを構想している。これは、これまでの伝統的な会計の役割に対する大きな挑戦である。さらに最近では、対話型会計システム構築のためのフレームワークや情報システムの設計、さらには対話型会計に基づく意思決定プロセスの検討にも着手している。[35] ただし、ブラウンやディラードの闘技的民主主義／多元主義に基づく「対話型会計」はまだ構築途上のものであり、原則や方向性は示されているものの、具体的な会計計算方法が提示されているわけではない。科学コミュニケーションの会計への援用についても具体例があるわけではなく、その現場での有効性は実証されていない。

しかも、ブラウンとディラードは、GRIやIIRCなどの実践に対しても、批判的な立場を崩していない。[36] ブラウンらがGRIやIIRCを批判する理由は、それらがビジネスの論理に支配されているためである。社会や環境の問題にビジネスの論理が入ってくることで、社会や環境の問題が歪曲されてしまうことを批判するのである。彼らは社会・環境と経済のウィン－ウィン関係に警鐘を鳴らし、目指すべきは社会・環境とビジネスの間の差異を解決することではなく、「そのような差異が認識され関与されうる場所で民主的なプロセスを支援すること」[37]であると主張する。このような主張には、先に述べたムフの闘技的多元主義／民主主義の思考が色濃く反映されていることがわかるであろう。たしかに、GRIが基調とする「トリプルボトムライン」の構想やIIRCが目指す「統合報告」に対して、最初から、経済を優先させて社会・環境を融合しようとする意図が透けて見えていると解釈することは可能であるし、安易な環境と経済のウィン－ウィン関係の追求が、結果的に環境を経済に従属させることにつながりかねないことは、われわれも繰り返し指摘してきたところである。

しかし、GRIスタンダードやIIRCフレームワークなどの、現在実践で活用されている伝統的な会計報告に対抗する基準や指針とは独立に、ブラウンらが提唱する「対話型会計」が果たして導入できるのかどうかは、非常に疑問の残るところでもある。これまでも新しい会計の提案は数多くあったし、現在もあるが、そのような新しい提案の大多数は、提案だけで消えてしまった。したがって、実際に普及している会計報告実践である「サステナビリティ報告」や「統合報告」に対して、その本質的な意義を子細に検討することなく、それが「ビジネスに支配されているから」という理由だけで簡単に棄却することは妥当なのであろうか。逆に、仮にブラウンらが提唱する理想的な「対話型会計」が導入されたとして、それがビジネスに取り込まれないという保証はどこにもないのである。

GRIスタンダードもIIRCフレームワークも、完全にビジネスサイドのものであるならば、全く新しい会計実践を提唱することは意味があるかもしれないが、両者とも、多様なステークホルダーを企業活動に関与させようという「多元的な」原則としての側面を持つ。しかも、現在すでに相当数の組織が活用している以上、これを無視して新しい会計実践を構想することは机上の理論としては可能とはいえ、現実的ではないであろう。むしろ、「サステナビリティ報告」や「統合報告」に代わる実践を探求する前に、「サステナビリティ報告」や「統合報告」と多元主義の接合可能性をもう少し慎重に検討することが必要である。さらに、この問題は企業から社会への外部報告の領域だけでなく、MFCAのような複数評価原理を企業内に導入することを目指す内部管理の手法についても検討されるべきである。なぜなら、外部報告は内部管理の結果に過ぎないのであるから、内部管理の方法を無視して外部報告だけを議論しても、実効性は低いからである。

問題とされるべきは、これらの複数評価原理の会計と多元主義のつなぎ方である。つなぎ方次第で、ブラウンらが批判する「サステナビリティ報告」や「統合報告」、あるいはMFCAも、多元的な会計実践として生まれ変わる可能性がある。そのためには闘技的多元主義の観点から、経済と人間がそれぞれ独立した価値として追求されているかどうかを検証する必要がある。ガイドラインを読む限り、GRIもIIRCも経済だけではなく、それぞれ独立したさまざまな多元的な価値を追求している。MFCAは、経済と環境という価値を同時に追求する手法として構想されている。その点に関しては、経済に対する独立性は維持されているように見える。したがって、問題は実践になる。前章で見たように、理念としては経済と人間あるいは環境は同格であったとしても、実践の中で経済に支配されてしまっては、闘技的多元主義の理念に適合した複数評価原理の会計にはなりえないのである。そこでは、経済と他の価値の関係を対等に維持するプロセスが制度として必要になるのである。

5　フィードバックプロセスの導入

本章では、企業を社会に開くための理論的ロジックを追求してきた。まず、信任法に基づく信任義務を基礎にして、経営者にステークホルダー一般に対する法的な責任として、企業を社会に対して開くように働きかける。そして、その開いた空間から、経済以外の目的を企業に移入する。そのときには、闘技的多元主義の立場から、経済（ビジネス）の論理に妥協しないことが求められる。その手段が、多元主義に基づく複数評価原理の会計である。ブラウンらの用語では「対話型会計」ということになる。しかし、前節で議論したように「対話型会計」はまだ研究ベースの概念であって、実際に適用可能な形式になっていない。それならば、現在、実際に企業へ適用実績のある、GRIの「サステナビリティ報告」やIIRCの「統合報告」、あるいはMFCAのような複数評価原理の会計を、多元的な対話型会計として活用するには何が必要かということから議論するほうがより実践的なアプローチとなろう。

もちろん、ブラウンらが指摘するように、GRIやIIRCがビジネス寄りであることはある程度事実であろう。MFCAはおそらくもっとビジネス寄りであろう。また、これらのガイドラインやフレームワークが経済（ビジネス）と社会・環境とのウィン－ウィン関係を想定しており、それは、社会や環境という経済とは異なる価値を、経済と融合させてしまう危険性を持つ思考であることも注意されねばならない。しかし、その点を考慮したとしても、全く新しい会計を構築するよりも、「サステナビリティィ報告」や「統合報告」あるいはＭＦＣＡのような、すでに存在している会計実践を、経済とは独立した価値を追求する会計実践として再定式化するためには何が必要かを考えたほうが、方法としては実践的である。なぜなら、ブラウンらが「対話型会計」の実践指針を開発できるかどうかは不明であるし、たとえ開発できたとしても、それを彼女らが望む形で社会に普及させる方法までは全く目途が立っていないからである。

それでは、「サステナビリティ報告」、「統合報告」、ＭＦＣＡのように、経済目的以外の評価指標を持つ会計実践を活用する場合、それらの指標が示す経済以外の価値の多元性を維持するためには何が必要であろうか。これらの複数評価原理の会計は、ガイドライン、フレームワーク、スタンダードのレベルでは、改善の余地があるかもしれないが、多元的な複数評価を実現するための内容は備えている。したがって、必要なことは、多元的な複数評価の内容を検証して、必要な改善を求めるプロセスを確保することである。これは、算定した指標の成果を問うプロセスであり、フィードバックプロセスと呼ぶことができる。

前章では、会計計算とは目に見えない worth を value に変換することであると説明した。多元主義の世界では、当然さまざまな values が測定されることになるであろう。ブラウンらの議論に代表されるように、多くの多元主義会計の主張者は多様な価値を反映させることには熱心であるが、それと同時に、測定された value が worth を本当に体現しているのかも検証する必要がある。前章では、計算プロセスが介在する以上、worth を value として正確に測定することは不可能であることを説明した。しかし、不可能であるからこそ、value を worth に近づける努力が必要なのであり、その成果を検証するプロセスがフィードバックプロセスなのである。しかも、どのようにすれば value が worth に近づくかについて正解はなく、value は多元主義のもとでは常に複数存在するため、有効なフィードバックを行うためには、できるだけ多様なステークホルダーの参加が必要になる。それが多元主義を保証することになる。ブラウンが提唱する「対話型会計」の八原則では、ステークホルダーの参加プロセスが重視されているが、フィードバックプロセスにおいても同様であり、対話そのものがフィードバックとなる。

これをたとえば、自然資本の測定という問題に置き換えて、考えてみよう。ちなみに、自然資本は、IIRCフレームワークが示す財務資本など六つの資本のうちの一つであり、環境問題としてGRIスタンダードにも含まれるし、MFCAでも測定対象全体にかかわる概念である。このように重要な概念でありながら、自然資本を測定する方法は、GRIスタンダードでも、IIRCフレームワークでも、MFCAの国際規格でも確立されていない[38]。GRIスタンダードでは多様な環境指標が列挙されているが、そのどれが企業にとって適切かは、マテリアリティ（重要性）を分析することで決定されるとされる。IIRCフレームワークは徹底した原則主義のフレームワークであるから、自然資本による価値創造のビジネスモデルを開示せよと要求するだけで、具体的な計算方法は説明されていない。MFCAについても、ISO14051では、その適用範囲について企業の自由裁量を認めている。つまり、どのような指針を参考にしようとも、自然資本という worth を value または values に転換する手法はそれ

図4-1　フィードバックプロセスの位置づけ

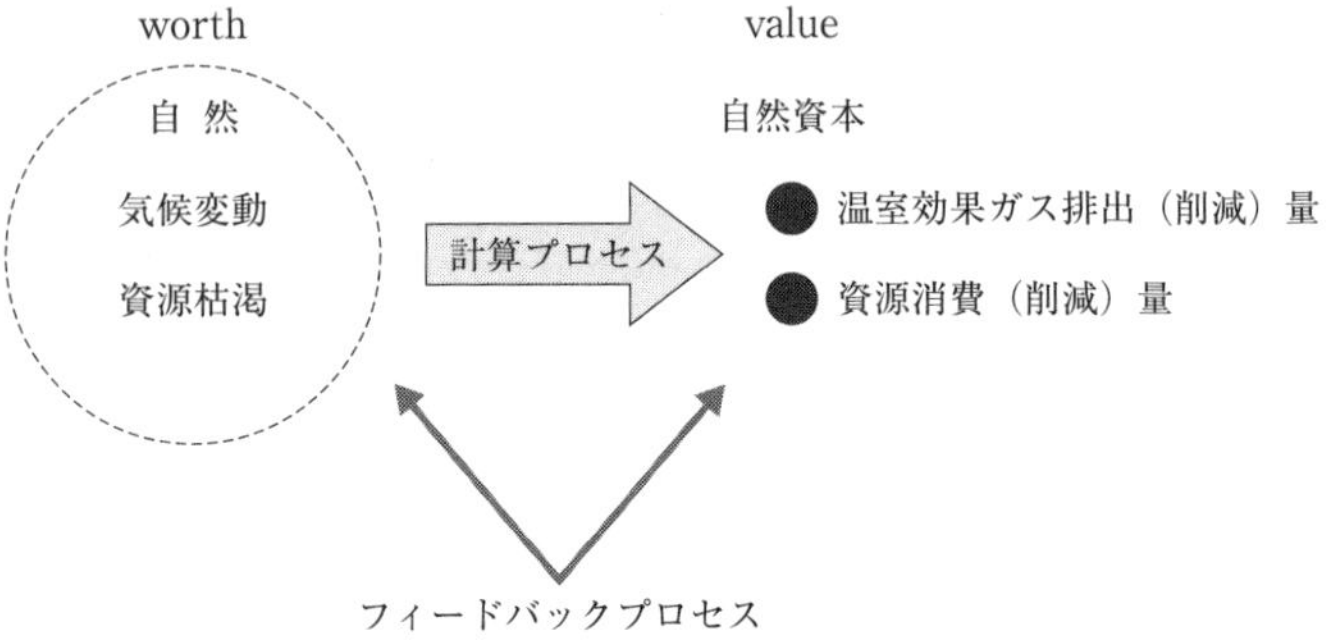

にかかわるステークホルダーの間で検討されなければならないのであり、その妥当性は常に検証されなければならない。そのプロセスがフィードバックプロセスなのである。

自然資本を例にとって、第3章で使用した図を使ってフィードバックプロセスを示したものが、図4-1である。自然（worth）の例として気候変動と資源枯渇を取り上げれば、このような価値が何らかの計算プロセスを経て温室効果ガスの排出量（または削減量）や資源の消費量（または削減量）のような自然資本のフローを示す数値（value）に変換されて、その数値をもとにして活動が実施されるとしよう。しかし、自然資本は自然の代理変数に過ぎないから、その数値が自然を代表する価値として妥当かどうか、常にフィードバックプロセスを通じて検証しなければならない。そこで検証されるべきは、valueを算出する計算プロセスの妥当性と、valueそのものを改善するための活動の妥当性の二つである。計算プロセスの妥当性に関しては、特定の計算方法を固定化して考えないように注意しなければならない。何度も指摘してきたように、worthを計測する完全な測定方法は存在しない。しかし、だからこそ、少しでも

worth に近づける努力が必要となるのである。これは無限のアカウンタビリティを体現した姿勢でもある。したがって、value が worth を規定してしまうことのないように、細心の注意が要求される。そのためには value の妥当性をさまざまな角度から議論する制度が必要になろう。

しかし、value の計算プロセスの妥当性は決して完全なものとなることはないのであるから、その方向性は常に追求するとしても、測定方法の改善と value の改善は別の問題であることも理解されなければならない。たとえ value の測定は不完全でも、その指標を改善することでもとの worth を改善することが可能であれば、究極の目標は達成されることになるからである。これは、試験という制度に問題があったとしても、試験を目指して勉強することが学力を向上させるのであれば、目的は果たされたことになるのと同じである。したがって、われわれはどこかで測定から改善に軸足を移さなければならない。

value そのものの改善に関しては、経済的な評価との関係が特に注意されるべきであろう。環境や社会的課題の改善は、当然のことながら、経済的なコストとベネフィットと無関係ではない。企業のような経済組織においては、どのような活動に関しても、経済的な影響や効率性が考慮されることはやむをえないかもしれないが、それに引きずられては経済的な評価に回収されてしまうことになる。しかし、われわれが目指すべきは、経済目的と融合した環境や社会の側面ではなく、経済システムとは独立した価値を企業の中に移入することであるから、この点については常に注意深く、環境や社会目標の独立性を担保するように努めるべきである。それを検証することも、フィードバックプロセスの重要な目的である。

それではこのようなフィードバックプロセスは実際にはどのように運営されるべきなのであろうか。企業を社会に開くためのプロセスである以上、社会からの視点は不可欠であり、多様なステークホルダーの参加が必要になる。実際には、ステークホルダーエンゲージメントと呼ばれる、ステークホルダーを関与させる仕組みが中心になるが、その設計は容易ではない。そもそもそこで対象とされるステークホルダーとは誰なのかという点から問い直すことが必要となる。この点については、次章で詳しく議論することとしたい。

本章では、前章までの公共性を実現するための無限のアカウンタビリティと複数評価原理の会計という議論を受けて、私的組織である企業を開くには何が必要かを検討してきた。その結果、信任義務という法的規範を基礎にして経営者に倫理的責任があることを要求し、多様な複数の目標間で容易な妥協をしない闘技的多元主義の思考を持つことの必要性を指摘した。そして、そのような思考を持つ実践を機能させるためには、評価や開示だけでは十分ではなく、フィードバックプロセスが肝要であることを主張した。

われわれは、事例説明の部分を除いて、ここまでできる限り理論的に議論してきた。それは、実践を駆動させる基礎には思考の枠組みである理論がどうしても必要だからである。理論なき提言は、実践を駆動するエンジンを持たないようなもので、世の中に根づくことはできない。しかし、理論だけでも、現実はなかなか動かすことができない。重要なことは理論を実践へ転換する方法であり制度である。最終章となる次章では、このような理論を現実化する実践について考えたい。

注

1 Mouffe（2005）p. 6/p. 18.

2 European Commission（2001）.

3 European Commission（2011）.

4 Ruggie（2013）p. 76/p. 121. ラギーは、二〇〇五年に国連の「人権と超国家企業及びその他のビジネス活動の問題に関する特別代表」に就任し、一一年に「ラギー原則」と呼ばれる「ビジネスと人権に関する指導原則」をまとめあげた。

5 日本の法学者の中では「信認」と表記することが一般的であるが、本書では岩井克人の主張に倣い、漢字の意味に忠実に「信任」と表記する。

6 畠田（2014）p. 20.

7 Frankel（2011）p. 125/p. 127.

8 岩井（2002）p. 78.

9 岩井（2015）第七章。

10 渡部（2005）.

11 神戸大学企業立法研究会（2009）.

12 IIRC（2013）3.15.

13 IIRC（2013）3.16.

14 ルーマン（1986/2007）pp. 244–245.

15 ルーマン（1986/2007）p. 110.
16 筆者も、環境管理会計の普及に関しては、同様の考えを持っている。たとえば、國部（2011）を参照されたい。
17 Sandel（2005）ch. 14.
18 Laclau and Mouffe（2001）を参照。
19 ハーバーマス（1992/2002–03）を参照。
20 Giddens（1994）を参照。
21 Mouffe（2005）p. 3/p. 14.
22 ウィトゲンシュタイン（1969/1975）p. 56. なお言語ゲームについては、ウィトゲンシュタイン（1953/2013）を参照されたい。
23 Mouffe（2000）p. 34/p. 53. 誤訳と見られる個所を変更している。
24 Derrida（1992）. ムフとデリダの理論的親近性については、Mouffe（1996）を参照されたい。同書にはデリダも寄稿し、民主主義に対する議論が深められている。
25 たとえば、田村（2008）を参照されたい。
26 Mouffe（2005）p. 52/p. 80.
27 たとえば、デリダ（2003/2009）を参照。
28 その主要なものは参考文献リストに記載している。
29 「対話型会計」（Brown, 2009）という用語は、論文によっては「対話／多対話型諸会計」（dialogic/polylogic accountings）と称されることもあるが（Brown and Dillard, 2014）、本書では、それを含んだ意味で「対話型会計」という用語を使用する。
30 Brown（2009）pp. 324–328.
31 Brown（2009）p. 325.

32 STSとは、社会の側から科学技術の意義を多分野横断的、問題指向的に開示あるいは制御しようとする試みの総称である（松本、2016, p. 16）。

33 Brown and Dillard（2014；2015）. ブラウンは、二〇〇〇年代後半には、環境の経済的な価値評価にポストノーマルサイエンスの手法でアプローチする研究を行っており（Bebbington *et al.*, 2007；Frame and Brown, 2008）、この経験が彼女の対話型会計モデルには色濃く反映されている。ポストノーマルサイエンスとは、科学合理性だけで解決できない不確実性の問題をステークホルダーとの対話で補完しようというアプローチである。環境会計におけるポストノーマルサイエンスの影響については、大西（2011）を参照されたい。

34 Brown and Dillard（2014）p. 1128.

35 たとえば、Blackburn *et al.*（2014）, Dillard and Yuthas（2013）, Vinnari and Dillard（2016）などを参照されたい。

36 Brown and Dillard（2014）を参照。

37 Brown and Dillard（2014）p. 1136.

38 自然資本の測定そのものに関しては、ナチュラル・キャピタル・コアリション等が発表している指針などもあるが、あくまでも参考的なガイダンスの域を出ない。

第5章　「人間の時代」の経営倫理

いかなることがあっても延期したり、廃止したりすることのできない定例の集会を定期的に開催する必要がある。

——ジャン＝ジャック・ルソー『社会契約論』[1]

1　理論から実践へ

「経済の時代」から「人間の時代」への転換を目指して、公共性とアカウンタビリティを切り口として、会計の役割を再考することを通して企業と社会の新しい関係について、理論的に深く考察してきた。これは、世界を変えるためには、人間の行動を生み出す思考枠組みから変える必要があるためである。思考枠組みを支えるものが理論であり、理論を共有することで思考が共約可能となって行動が変わり、社会が変わるはずである。逆に言えば、新しい理論を持たない実践では、既存の思考枠組みの中での実践にほかならず、社会を変えることはできない。

平和な時代には既存の理論に対抗する新しい理論の重要性を説いても、理解されにくいかもしれないが、独裁社会では体制に反対する理論家がすぐ捕えられて投獄もしくは処刑されるという歴史を見れば、新しい理論の力がいかに既存の体制に対して力を持ちうるかが想像されよう。現代が平和な時代なのか、危険な時代なのかは、人によって判断が異なるかもしれない。しかし、経済によって人間が相当奥深くまで侵食されてしまっているとするならば、そして経済がグローバル化することでさまざまなリスクを高め、その一部がすでに顕在化してしまっているとすれば、その意味で「危険な時代」という側面は無視できない。したがって、それを克服するためには深い理論的思考が必要という観点から、これまで議論してきたのである。ちなみに、ここで言う「深い」とは、抽象度のレベルをアップさせることを意味する。抽象度のレベルがアップすれば、それだけ共通性を包含できる可能性が大きくなり、それによって理論の持つ普遍的な価値を高めることが可能となる。しかし、一方で経験をベースとする実践への適用には遠くなるというジレンマがある。

もちろん、われわれが展開してきた理論は完成されたものではない。しかし、有限の責任もしくはアカウンタビリティに対して、無限の責任もしくはアカウンタビリティを対置させることで、人間の多元性を中核とする公共性を回復させる可能性があること、複数評価原理の会計がそのための有力な手段となりうること、さらにその方向へ企業を社会に開くための根拠については、ある程度の正当性と妥当性をもって論証できたと思っている。しかし、理論だけでは社会は変わらないこともまた事実である。社会を変えるためには、実践が必要である。

理論なき実践には希望がないが、実践なき理論も無力である。最終章である本章では、これまでの理論的な考察に対応する実践のあり方を検討していきたい。ただし、本章で検討する実践とは、何らかの具体的な方法や行動を意味するものではない。むしろ、新しい一歩を踏み出すための方向性について指針を与えようとするものである。すべての実践は固有の方向性を持つが、それが定まらなければ、新しい一歩は踏み出せない。本章では、具体的な実践を起こすための思考の方向性と、それを支援する制度の可能性について検討する。正確に言えば、実践そのものの個別の指針というよりも、実践するための枠組みを考察するものである。実践の方向性を考えるといっても、その方向性はそれこそ無限に分岐する。そのすべてを論じることはとてもできないので、ここでは重要なポイントを以下の三つに絞りたい。

一つは、無限の責任あるいはアカウンタビリティを実践するための方向性である。本書の基本は常にここにある。いくら学界に影響力のある学説を持ってきて議論を展開しても、実践に影響を与えることができなければ現実を変えることはできない。これを地に足の着いた実践に落とし込むためには、しかも企業という私的組織の中で公的責任を実践するためには、もう一歩踏み込んだ理解が必要であり、それを企業とかかわる人間が実践することが求められる。まずこの点を議論する。

次に、その責任を果たすために何を目指すべきなのか、目的あるいは目標の方向性を考える。無限の責任もしくはアカウンタビリティといっても、行動するためには何らかの方向性が必要であるから、それは目標として措定される必要がある。しかし、いったん目的や目標が決定されてしまうと、これまで何度も注意を喚起してきたように、それが逆に一元化圧力と化す危険性が強いため、その圧力を緩和することも同時に必要になる。このように考えれば、目標は最初から多元化される必要がある。本章では、国連の「持続可能な開発目標」（ＳＤＧｓ）を例にとって、この問題を考えることにしたい。

続いて、前章でもその重要性を強調したフィードバックプロセスを検討する。無限の責任も多元的な目標も、たとえいくら理論的には正しくても、人間という限界を持つ行為主体がそれをうまく処理できるとは限らない。この問題を克服するためには、何らかの制度が必要で、それがフィードバックプロセスである。すでに人類はこのプロセスの重要性に気づいており、世の中には多くのフィードバックプロセスが存在している。ただし、それらが十分に機能しているかどうかは別の問題である。本章では、フィードバックプロセスとしてステークホルダーエンゲージメントを取り上げて、無限の責任のもとでの多元的な目標を指向する実践を促進するために、フィードバックプロセスに求められる条件を検討することにしたい。

そして、最後に経営倫理の問題を考える。われわれが議論してきたことは、実は最終的には倫理の世界でしか解決することができない問題であった。ところが、人間は直接、倫理に「触れる」ことはできない。しかし、倫理こそすべての議論が収束し、再び拡散する起源でもある。したがって、「人間の時代」の経営倫理が立ち上がって、はじめて問題は解決の方向へ向かうことになる。

2　私的組織の中の公的責任を理解する

実践を考えるにあたって、まず実践を行う主体は誰かから考える必要がある。企業（会社）と責任の問題を考えれば、CSR（corporate social responsibility）という用語が世界的に普及していることからも明らかなように、企業が社会に対して責任を持つという理解が一般的となっている。会社法のもとでも、企業や組織が法律のうえでは人格を持つ主体として扱われ、それは「法人」と呼ばれる。しかし、第2章で詳しく議論したように、責任とは主観的なものであり、それは決断を伴うものであるとすれば、企業に主観というものが存在するであろうか。また、「会社の決定」のような表現がよく使われるが、人間でない「会社」が物理的に何かを決定できるであろうか。どのような場合でも、最終的には、企業で働く人間の責任に帰着するのであって、人間の責任に根拠を持たない組織の責任は存在しないのである。しかし、そのように人間が決定した事項を、企業（あるいは組織）の決定というように置き換えることによって、そこに携わった人間の責任が後景に退いてしまうのである。人間には責任を回避することを歓迎する傾向があるため、この一人一人の責任の回避が経済的な価値の必要以上の膨張を招き、同時にリスクを蓄積させる原因となっている。したがって、後景に退いてしまっている人間の責任を前景化させることがまず必要になる。

しかも、このような主観的で決断を伴う責任は、本来、他者に委任することができないものである。

他者にすら委任することができない以上、ましてや組織のような無生物に委任することは不可能である。資本主義の倫理を研究する哲学者アンドレ・コント-スポンヴィルは、道徳や倫理というものは人間の中にしか存在せず、「企業倫理」や「企業モラル」のような用語の本質的な矛盾を厳しく批判して、責任が委譲できないことについて次のように主張する。

「みなさんはご自身の企業のなかですべてを（会計や人事や、ことによると業績予測や経営戦略をも）他人に委任することができるかもしれませんが、ただし、定義からしてご自分の責任だけはそうはいきません。なぜなら、責任とは誰かに委託することのできないもののことだからです。[2]」

責任が、組織のような無生物では果たすことができず、一人一人の人間でなければ履行することができないということは、その定義に依存する。そして、この定義を深く追究していけば、責任は有限ではなく、無限であるとしてしか思考できないことを、われわれはこれまで議論してきた。これは定義の問題なので、重要なことはそれが正しいか否かではなく、そのように定義された（正確に言えば、その語に単独の意味を持たせるためにはそのようにしか定義できない）責任概念に意味があるかどうかである。もし、意味があるとすれば、それを実践に移すための手段が問題になる。すでに責任の意義については十分議論してきたので、本章ではその実践が問題とされる。

実際に、人間が果たすべき責任にはさまざまなものがある。経営者であれば利益責任が最も大きな責任であろうし、企業で働く人々は経営者の利益責任を何らかの形で分担することになる。しかし、われわれが問題とすることは、現代社会では企業の力があまりにも大きくなりすぎたため、手段であったはずの経済が目的であったはずの人間の価値観と日常生活を大きく侵食してしまっていることにある。企業に勤務する人間は、その生活時間の大半を会社という私的空間で過ごすようになっている。この時間がすべて経済という私的目的に捧げられてよいのであろうか。しかも、企業という経済主体の社会的影響力は、総体としては国家をはるかにしのぐレベルになっており、その意味でも紛れもない公共的な存在である。したがって、経済組織としての企業も社会的な責任を果たす必要があり、そのためには、そこで働く人間が企業活動の現場においても経済責任以外の責任を果たすことが求められる。責任が人間にしか宿らないとすれば、そうしない限り、企業が社会的責任を果たすことはできないのである。しかし、そのようなことが果たして可能なのか。この点について、コント-スポンヴィルは次のように主張する。

「資本主義国の企業の目標は、雇用の創出ではなく利益をあげることです。企業が利益をあげるためには、解雇することや第三世界で工場を建設することよりも雇用を拡大するほうが得策になる方法はどのようなものかを考える役目を負うのは、私たち市民です。これは政治にかかわる決定的な問い です。[3]」

このようにコント–スポンヴィルは、企業経営者の責任と市民の責任を峻別している。企業（経済）と市民（社会）はそれぞれ別々のロジックで動くものであり、両者は融合することはできない。それを、環境と経済のウィン–ウィン関係のように単純に連携すると考えるならば、それは社会的価値を経済的価値に従属させる道につながることはすでに何度も述べたとおりである。もちろん、そのこと自体は善でも悪でもない。しかし、企業は経済主体という性格上、原理的には社会的な価値を第一義的に追求することができない。コント–スポンヴィルは、道徳的な価値は経済とは別のところからしか出てこないことを強調し、「主体である私たちこそが道徳的存在になるべきであって、制度に過ぎない経済にその代わりを求めてはならない」[4]ことを強調する。

ここまでの行論から、企業という私的な組織で働く人々が、社会的な価値を含んだ無限の責任を果たすためには、二つの方法が考えられることがわかるであろう。一つは経済組織の外側で社会的価値を追求する実践を行うことであり、もう一つは企業の内側で道徳的存在としての場を確保して、社会的価値を追求することである。前者については、政府機関やＮＧＯを通じた活動があげられるが、それだけでは現在のさまざまな課題が解決しないことは明白であり、必然的に後者の道も追求しなければならない。その拠り所は、コント–スポンヴィルが言うように、企業の中の人間にしかない。企業で働く人間が社会的な責任を履行するためには、経済組織である企業の中で公共的な空間を確保することが必要になる。なぜなら、無限の責任は公共的な空間でなければ発現できないからである。これが第1章で議論した私的領域の公的領域化である。さらに、第3章で議論した複数評価原理の会計や第4章で考察したブラウンらの対話型会計はそのための手段として考えられるが、これらの方法だけでは、十分に機能しないことも示された。これらの手段を機能させるためには、企業で働く人々の意識改革とそれを支援する制度が必要になる。

すべての人間は経済的な価値だけを指向しているわけではなく、公共的な社会的価値観も持っている。しかし、そのような社会的価値観を、私的経済組織である企業の中で主張するとどうなるであろうか。企業は営利組織として、利益追求を目的とする組織であるから、それが組織の最も基礎にある共通の基盤である。そのような中で「環境を守りましょう」とか、「雇用を維持しましょう」とか言えば、それは個人の私的な感情（場合によっては、わがまま）と理解されてしまう可能性が少なくない。だから、誰もが口をつぐんでしまう。しかし、これは完全に公私が逆転してしまっているということに気づかなければならない。本来、利益を追求することが私的な活動であり、環境を保全することや雇用を維持することが公的な活動である。ところが、企業という私的空間では利益を追求することが共通の目標となっているため、それがその集団内での公的活動となり、それ以外は私的な事項になるという転倒が生じてしまうのである。そして、当然のことながら、企業における「公的活動」である利益追求が何よりも優先されることになる。ここにすべての問題の根源がある。

これを無限責任の観点から克服するには、企業における「公と私」は、社会における「公と私」とは真逆の関係になっていることを、まず企業で働く人々が理解することが必要である。そして、企業という私的空間の中に、真の意味での公的空間を確保しなければならない。その場所は、コントースポンヴィルが言うように人間にしか求められないが、そのような人間の意見や行動を企業という私的空間の中で認めることが、無限の責任を実践するための第一歩になる。しかし、理解のない企業で、社会的責任の観点から発言したとしても、そんなことを言うなら、休日にボランティアでもせよと言われるかもしれない。そのほうが休日に企業からボランティアを強制されるよりはましかもしれないが、それでは問題は解決しない。問題は、企業によって決められた休日に何をするかではなく、人間が所有するすべての時間の中で、経済と社会にどのような時間配分ができるのかということであり、その裁量権をどのように確保するかである。当然、これは社会的な倫理の問題につながっていく。

企業に多くの社会的活動を求める外部の圧力は、多くの具体的な問題を企業に対して要求するが、公と私の問題は課題がなくなれば終了するような問題ではないことは、これまでの議論から明らかであろう。むしろ、課題の解決は行動のための一つの目標に過ぎず、より本質的に重要なことは、人間としての時間を私と公のどちらにどれだけ振り向けることができるかという割合の問題なのである。この割合を、人間一人一人が決定することができずに、目に見えない圧力によって経済的な目標が偏重されていることが問題なのであり、これが経済による人間の侵食なのである。その根本的な問題を克服することが、「経済の時代」から「人間の時代」に転換するという意味である。現在、目に見えている問題は、「症状」に過ぎないので、それだけに目を奪われてはならない。

そのためには企業という私的組織の中で、人間個人が持つ公的責任を回復する必要がある。それなくして、無限の責任を企業という空間の中で果たすことはできず、逆に、現在進行しているように、「責任」をできるだけ限定するような方向に動いていってしまうのである。この流れを逆転させて、企業の中に人間が持つ公的責任の空間を開く第一歩は、何よりも、企業で働く人々が責任概念を正しく理解することを通じてしか果たしえない。この点は、法律や規制で強制することのできない社会通念、すなわち倫理の問題である。したがって、実践のためには新しい倫理を創り出すことが必要になる。

しかし、新しい倫理を醸成するためには実践が必要となり、倫理と実践は同時進行的にしか展開しない。社会通念としての倫理を特定の理論だけで変えることは難しく、しかも危険でもあるので、実践を通じた、緩やかなしかし着実な変化が求められる。そこで、無限の責任を、企業という私的組織に人間の責任として移入するということを考えるならば、何らかの具体的な指針があったほうが好ましい。その意味で、二〇一五年に国連で採択された「持続可能な開発目標」(ＳＤＧｓ)は、その指針として可能性を持つものである。無限の責任を果たすためには、経済に変わる多元的な目標が必要であり、それを追求する場を経済組織の中にも確保する必要がある。そのような条件が整ってはじめて、経済から独立した形での複数評価原理の会計が動き出す。次節では、ＳＤＧｓをこの観点から検討してみよう。

3　多元的目標は可能か——ＳＤＧｓという指針

私的な経済活動主体である企業の中に公的空間を開くためには、経済目標追求以外の人間の多元性が維持されなければならない。しかも、その多元性の維持が社会的に支持されなければ、組織の中の「社会から見た公的活動」は「組織の中の私的活動」として排除されることになる。したがって、企業をあらゆる多元性に対して開くことは困難が大きいとしても、経済以外の多元的な共通の目的が存在するのであれば、それを足がかりとして、企業の中での公的な活動の正当性を確保することが可能となるかもしれない。その意味で、ＳＤＧｓが、このような指針として機能することができるのか、検討する価値がある。

ＳＤＧｓは、二一世紀を目前にして二〇〇〇年九月に国連で採択された「ミレニアム開発目標」（Millennium Development Goals, ＭＤＧｓ）が、一五年までの期間にわたって実施されたことを受けて、その後続の政策として一五年から三〇年までの期間を対象として策定されたものである。ＭＤＧｓが八つの目標とそれを実現するための二一のターゲットから構成されていたのに対して、ＳＤＧｓは一七の目標と一六九のターゲットから構成され、発展途上国が主たる対象であったＭＤＧｓとは異なり、先進国を含むすべての国家を対象として持続可能性に関する最も包括的な政策課題を設定しているのである。

ＳＤＧｓは、その前文の冒頭の二つのパラグラフにおいて、[5] 以下のようにその目的を規定している。

「このアジェンダは、人間、地球及び繁栄のための行動計画である。これはまた、より大きな自由における普遍的な平和の強化を追求するものでもある。我々は、極端な貧困を含む、あらゆる形態と側面の貧困を撲滅することが最大の地球規模の課題であり、持続可能な開発のための不可欠な必要条件であると認識する。

すべての国及びすべてのステークホルダーは、協同的なパートナーシップの下、この計画を実行する。我々は、人類を貧困の恐怖及び欠乏の専制から解き放ち、地球を癒やし安全にすることを決意している。我々は、世界を持続的かつ強靭（レジリエント）な道筋に移行させるために緊急に必要な、大胆かつ変革的な手段をとることに決意している。我々はこの共同の旅路に乗り出すにあたり、誰一人取り残さないことを誓う。」

このパラグラフから読み取れることとは、人間の自由と平和の強化をもとにして、貧困の撲滅とそれにかかわる地球規模の問題の解決を目指すという、非常に力強いメッセージである。この冒頭部分に続いて、前文では、「人間」「地球」「繁栄」「平和」「パートナーシップ」のそれぞれについて目指すべき方向性が示されているが、本書の分析視角である「経済」と「人間」の問題を考えるために、「人間」と「繁栄」のパラグラフを以下に示しておこう。

「人間　我々は、あらゆる形態及び側面において貧困と飢餓に終止符を打ち、すべての人間が尊厳と平等の下に、そして健康な環境の下に、その持てる潜在能力を発揮することができることを確保することを決意する。」

「繁栄　我々は、すべての人間が豊かで満たされた生活を享受することができること、また、経済的、社会的及び技術的な進歩が自然との調和のうちに生じることを確保することを決意する。」

SDGsは、人間の尊厳と平等を最も根幹的な価値として据えている。一方、前文の中で「経済」という用語が出てくるのは、上記の「繁栄」に関するパラグラフだけである。しかも、「経済的（……）進歩が自然との調和のうちに生じることを確保する」という文面からわかるように、経済的進歩を促進する立場ではなく、経済に対して一定の歯止めをかけることが主眼とされている。これは、一九九二年のリオデジャネイロで開催された国連地球サミットで採択された「持続可能な開発」というコンセプトを提唱した「環境と開発に関するリオ宣言」から一貫して維持されている思考である。しかし、四半世紀を経てもその実現は果たせておらず、経済の膨張を止められないことに対して、国連はMDGsをさらに拡充したSDGsを提唱するに至ったと理解することができよう。

SDGsが実際に示す一七の目標は表5-1に示したとおりである。この一七の目標の中心は、第一目標である貧困の撲滅にあるが、内容はそれだけにとどまらず、人権の尊重から地球環境問題、安全性の確保まで多岐にわたっている。しかも、これらの目標は単なるお題目ではなく、それを実現するためのターゲットに分割されており、ターゲットは可能な限り具体的な数値目標の形式をとっている。ターゲットが達成されれば、一七の目標が実現できるという構成になっている。前述のように、そのターゲットが全部で一六九個設定されているのである。

表 5-1　持続可能な開発目標（SDGs）

目標 1.	あらゆる場所のあらゆる形態の貧困を終わらせる
目標 2.	飢餓を終わらせ，食料安全保障及び栄養改善を実現し，持続可能な農業を促進する
目標 3.	あらゆる年齢のすべての人々の健康的な生活を確保し，福祉を促進する
目標 4.	すべての人に包摂的かつ公正な質の高い教育を確保し，生涯学習の機会を促進する
目標 5.	ジェンダー平等を達成し，すべての女性及び女児の能力強化を行う
目標 6.	すべての人々の水と衛生の利用可能性と持続可能な管理を確保する
目標 7.	すべての人々の，安価かつ信頼できる持続可能な近代的エネルギーへのアクセスを確保する
目標 8.	包摂的かつ持続可能な経済成長及びすべての人々の完全かつ生産的な雇用と働きがいのある人間らしい雇用（ディーセント・ワーク）を促進する
目標 9.	強靭（レジリエント）なインフラ構築，包摂的かつ持続可能な産業化の促進及びイノベーションの推進を図る
目標 10.	各国内及び各国間の不平等を是正する
目標 11.	包摂的で安全かつ強靭（レジリエント）で持続可能な都市及び人間居住を実現する
目標 12.	持続可能な生産消費形態を確保する
目標 13.	気候変動及びその影響を軽減するための緊急対策を講じる
目標 14.	持続可能な開発のために海洋・海洋資源を保全し，持続可能な形で利用する
目標 15.	陸域生態系の保護，回復，持続可能な利用の推進，持続可能な森林の経営，砂漠化への対処，ならびに土地の劣化の阻止・回復及び生物多様性の損失を阻止する
目標 16.	持続可能な開発のための平和で包摂的な社会を促進し，すべての人々に司法へのアクセスを提供し，あらゆるレベルにおいて効果的で説明責任のある包摂的な制度を構築する
目標 17.	持続可能な開発のための実施手段を強化し，グローバル・パートナーシップを活性化する

出所：UN（2015).

ＳＤＧｓは基本的に政府機関を対象にして策定されたものであるが、前身のＭＤＧｓとは異なり、企業等の民間セクターのＳＤＧｓへの参画を強く求めている。「実施手段とグローバル・パートナーシップ」について記述した第六七パラグラフで、民間企業の役割について以下のように規定している。

「（民間企業活動）民間企業の活動・投資・イノベーションは、生産性及び包摂的な経済成長と雇用創出を生み出していく上での重要な鍵である。我々は、小企業から協同組合、多国籍企業までを包含する民間セクターの多様性を認める。我々は、こうした民間セクターに対し、持続可能な開発における課題解決のための創造性とイノベーションを発揮することを求める。『ビジネスと人権に関する指導原則と国際労働機関の労働基準』、『児童の権利条約』及び主要な多国間環境関連協定等の締約国において、これらの取り決めに従い労働者の権利や環境、保健基準を遵守しつつ、ダイナミックかつ十分に機能する民間セクターの活動を促進する。」

ＳＤＧｓは、国連の歴史の中で最も包括的なプロセスを通じて策定されたものであり、国連に加盟するすべての政府機関がその達成の責任を負うものであるが、最終的にはすべてのステークホルダーが関与することが求められる。しかも、その内容は、企業で働く人間一人一人にとっても、密接な課題が多く取り上げられている。一七の目標と一六九のターゲットの多くは、経済成長を目指す中で切り落とされてきた人間としての尊厳を回復するための目標であり、その意味で、「経済の時代」から「人間の時代」へ転換するための多元的目標として意義を持つ。もちろん、人間の多元性はSDGsの中に限定されるものではないが、経済という単一の要素を多元化するための世界的に承認された目標というSDGsの意義は大きいものがある。しかも、民間セクターの協力が求められているのであるから、企業としても無視するわけにはいかないものである。

しかし、突然SDGsを企業経営に取り入れよと言われても、多くの企業経営者は戸惑ってしまうことであろう。その点については、GRI、国連グローバル・コンパクト、WBCSD（持続可能な開発のための世界経済人会議）の三者が協力して策定した「SDGコンパス」（SDGsの企業行動指針――SDGsを企業はどう活用するか）[6]が参考になる。「SDGコンパス」は、基本的には政府の目標として策定されたSDGsを企業経営に取り入れるための指針として作られたものである。しかし、この指針どおりで、本当に「経済の時代」から「人間の時代」への展望が開けるのであろうか。これまで繰り返し懸念を表明してきたように、高邁な理想も簡単に経済システムのメカニズムの中に取り込まれてしまう。「SDGコンパス」にその恐れはないのか、検証する必要がある。

「SDGコンパス」は、企業がSDGsを取り入れるための以下の五つのステップを示している。

ステップ1　SDGsを理解する
ステップ2　優先課題を決定する
ステップ3　目標を設定する

ステップ4　経営へ統合する
ステップ5　報告とコミュニケーションを行う

この五つのステップは、企業経営の基本であるPDCAサイクルをベースに構成されており、経営者にとっても理解しやすいものである。五つのステップの中で、特に重要なのはステップ3の「目標を設定する」ところである。「SDGコンパス」は、ここで目標設定の方法を、従来の「インサイド・アウト・アプローチ」から「アウトサイド・イン・アプローチ」に転換せよ、と主張する。「SDGコンパス」によれば、「インサイド・アウト・アプローチ」では、事業目標は「内部的に決定され、企業の達成度に関する過去のデータ、現在の潮流、将来の予測に基づき、同業他社の達成度および目標を基準に評価」されるが、「アウトサイド・イン・アプローチ」では、事業目標は「外部的な社会的・世界的なニーズに基づいて設定され、科学および外部データに基づき、事業が対処できる社会のニーズを基準に評価」[7] されることになる。すなわち、「インサイド・アウト・アプローチ」では、企業の現行の事業を前提に目標が設定されてそれが企業外部に影響するのに対して、「アウトサイド・イン・アプローチ」では世界的・社会的ニーズから目標が設定されるべきとされるのである。

「アウトサイド・イン・アプローチ」の考え方は、言い換えれば、企業という私的領域に公的領域の課題を挿入することにほかならない。企業の中で、個人が「環境を守るべき」と発言しても、それは個人の「私情」を吐露したことにしかならないが、「SDGsに設定されているように環境を守るべき」

と発言すれば、それは私的組織が果たさなければならない公的責任というように位置づけを変えることができる。ここにＳＤＧｓが企業経営に与える公的な意義があると言えよう。もちろん、ＳＤＧｓは人間の多様性をすべて網羅しているものではないが、それでも経済的価値の一元的支配を突き崩す指針としての正当性は十分確保されている。

しかし、目標を設定しただけでは企業は動かない。それを実際のオペレーションに落とし込まなければならない。この点について「ＳＤＧコンパス」は、ステップ4「経営へ統合する」で、ＳＤＧｓに基づいて導入した企業目標を部門や個人の目標としてブレークダウンすることを提唱している。具体的にはＳＤＧｓの目標を企業経営課題として設定し、さらに部門管理課題や個別のターゲットへと落とし込んでいく方法を示している。その指標化にあたっては、第3章で考察した複数評価原理を持つ会計手法を活用することができるであろう。また、それ以外の目標の場合にも、ＧＲＩスタンダードやＩＩＲＣフレームワークなどを、複数評価の指針としてターゲットの設定と管理に活用できる可能性がある。少なくともＳＤＧｓに基づく企業目標を設定して、それを部門や個人に細分化するとき、情報が数値化されるならば、その方法は経済目標に対して複数評価の原理が導入されていることになり、組織内のアカウンタビリティが拡充されるのである。

「ＳＤＧコンパス」はコンパクトではあるが、よく練り上げられた指針であり、ＳＤＧｓの基本精神を受け継いで、企業経営に導入しやすいように工夫されている。このような指針を企業が採用するだけでも、かなりの効果が期待される。しかし、われわれの立場からすれば、第2章で議論したように、これはまだ社会的アカウンタビリティの範囲にとどまっており、企業や個人の責任やアカウンタビリティの範囲は拡充されてはいるが、依然として有限のレベルのままである。有限責任のレベルにとどまる限り、ＳＤＧｓを企業に導入したとしても、それは企業の管理システムの中に取り入れられるだけであり、フーコーが言う「装置」によって駆動される近代的な統治メカニズムの外に出ることはできず、結果として、同じ統治メカニズムで動いている経済を克服することはできないのである。それでも現状よりも問題が改善されるというメリットは期待されよう。しかし、それは経済の力をそのままにした対症療法の域を出るものではない。

したがって、「アウトサイド・イン・アプローチ」によって、企業外部から社会や環境に配慮した目標を取り入れたとしても、「ＳＤＧコンパス」の仕組みに従うだけでは、その一瞬だけ開いた隙間は企業内の管理システムが動き出すと同時に再び閉じられてしまう恐れが大きい。ただし、これは管理システムの問題でも、指標の問題でもない。何らかの行動を制御しようとするならば、その対象を設定するための指標と管理手法はどうしても必要である。問題は指標や管理システムにあるのではなく、その活用方法にある。ＳＤＧｓは、冒頭で人間の尊厳に最大の価値を置くことを表明していることはすでに述べたとおりであるが、人間の尊厳は数値で測ったり、管理システムで制御したりすることはできない。しかし、何らかの問題に対応するために、測定し、評価し、改善する必要があるとすれば、測定・評価・改善が人間の尊厳を侵食しないような仕組みが新たに必要になる。

この問題を解決するためには、企業を社会に常に開くプロセスを制度として維持することが求められる。これは企業を外部の社会一般に開くという具体的な意味と、人間の尊厳性に対して開くという二重の意味がある。その観点から見れば、「アウトサイド・イン・アプローチ」は企業を外部に開く方法として意義のあるものであるが、これを恒常的なプロセス（制度）として維持しなければ、問題はすぐに振り出しに戻ってしまう。そこで必要とされる制度が、前章の最後に論じたフィードバックプロセスなのである。「SDGコンパス」もステップ5として「報告とコミュニケーション」を位置づけており、フィードバックプロセスを備えていると見ることはできる。しかし、そこに責任やアカウンタビリティの無限性の観点を導入しなければ、どのようなシステムも企業の管理システムの中に、そして経済システムのメカニズムの中に回収されてしまうであろう。何度も繰り返し指摘しているが、そのこと自身は善でも悪でもない。しかし、経済の中に人間の場所を確保するためには、「SDGコンパス」の提言の範囲を超えて、フィードバックプロセスを新しい形で再設計する必要がある。

4　ステークホルダーエンゲージメントは機能するのか

企業の社会や環境に対する活動にフィードバックプロセスが必要なことは、ヨーロッパでCSRが提唱されたときから主張されていた。CSRとは企業の社会に対する責任であるから、責任を負う主体である企業が自分で責任を決めて履行することは原理的に問題があり、CSRが有効に機能するためには、責任の内容を企業ではなく社会が決定するか、もしくは少なくとも承認する必要がある。そのためのプロセスは、ステークホルダーエンゲージメントと呼ばれ、二〇〇〇年代にイギリスを中心に発展を見た。その主導者は、AccountAbilityというNGOを創設して、CSRの世界のオピニオンリーダーであったサイモン・ザデックである。ザデックは、企業を民主化することで経済を民主化し、世界全体を民主化するという壮大な構想[8]のもとに、それを具体化するための手段を開発し、その実践への導入に相当程度の成功を収めた人物である。多くの理論家が理論の提供だけに終始するのに対して、ザデックはそれを実現するための仕組みを開発して、政府機関や企業に働きかけて世の中に送り出してきた。ステークホルダーエンゲージメントは、ザデックが率いていたAccountAbilityが開発した最も重要なツールの一つである。AccountAbilityは、ステークホルダーエンゲージメントの方法を基準化し、マニュアル化しただけでなく、それを保証する手法も開発し、主要企業への導入に成功した。[9]さらに、AccountAbilityの積極的な働きかけもあって、二〇一〇年に発行されたISO26000の中に、第五章「社会的責任の認識及びステークホルダーエンゲージメント」として取り入れられるに至り、公式に基準化されたのである。

ISO26000では、ステークホルダーエンゲージメントは、「組織の決定に関する基本情報を提供する目的で、組織と一人以上のステークホルダーとの間に対話の機会を作り出すために試みられる活動」[10]として定義されている。エンゲージメントという考え方自体は、対象への積極的な関与を意味する用語として使用されるが、ステークホルダーエンゲージメントとは、それをすべてのステークホルダに拡張したものである。ステークホルダーエンゲージメントのプロセスは、対象とするステークホルダーの特定と、エンゲージメントのための活動から構成される。ＩＳＯ２６０００では、実際の活動の形式として、個人的な会合、会議、ワークショップ、公聴会、円卓会議、諮問委員会、定期的かつ組織的な情報提供・諮問手続き、団体交渉、インターネット上の討論会などが例示されている。いずれにしても、双方向コミュニケーションが維持される必要があるとされる。AccountAbility の基準によれば、ステークホルダーエンゲージメントにはレベルがあり、図5-1に示すように、ステークホルダーとのコミュニケーションと関与している期間によって、その内容が深化するものとされ、ステークホルダーと多様なコミュニケーションチャネルを使って長期的な関係を構築していくことが奨励されている[11]。

図 5-1　ステークホルダーエンゲージメントのレベル

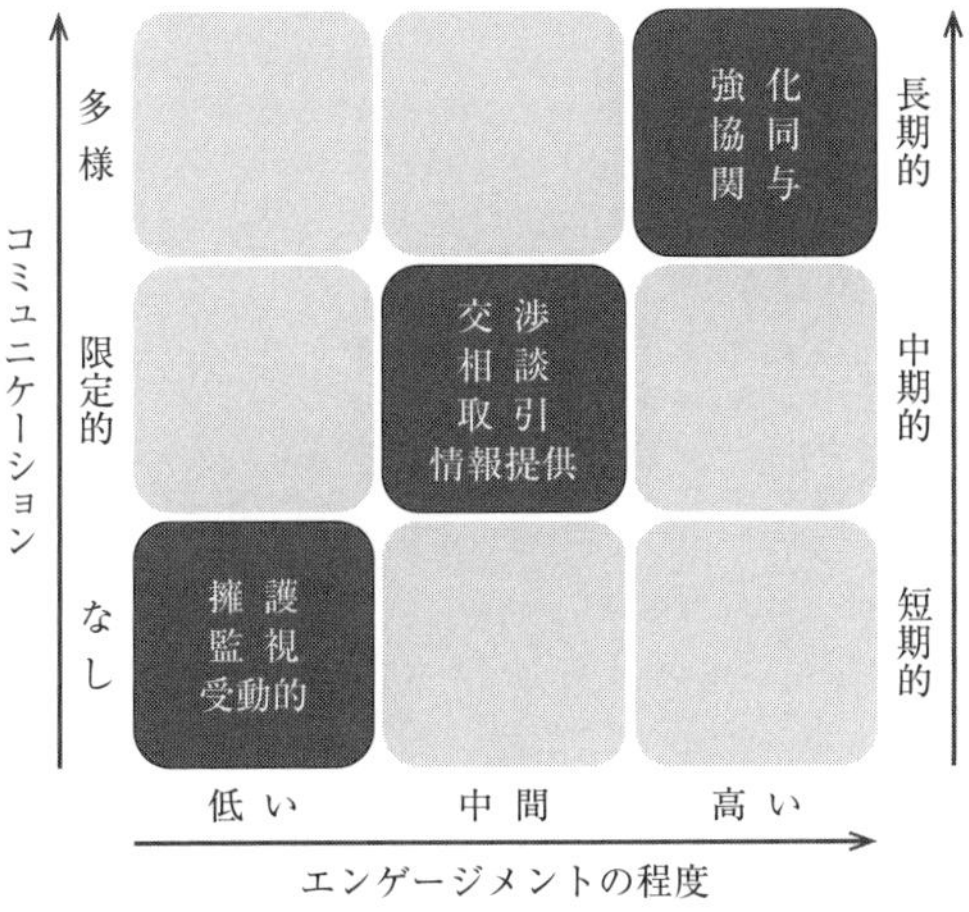

出所：AccountAbility（2015）p. 21.

　実際にステークホルダーエンゲージメントはさまざまな場面で活用されると考えられるが、重要なことは目標設定と評価のプロセスでどのように活用するかである。目標設定に関しては、数多くの社会的な課題から、その組織にとって重要な問題を特定するプロセスへのステークホルダーの参画が求められ、このようなプロセスは、ＧＲＩスタンダードではマテリアリティの特定として導入されている。マテリアリティとは「実質的な重要性」という意味で、ＧＲＩでは、サステナビリティ報告におけるマテリアリティを、それぞれの問題が持つ、経済・環境・社会へのインパクトと、ステークホルダーの評価と意思決定への影響という二軸から特定することを求めており、そこでは企業外部のステークホルダーの参画が必須となる。一方、ＣＳＲ活動の成果に関する評価に関しては、ステークホルダーを集めて議論するステークホルダーダイアローグのような活動が、幅広く実践されている。このようなステークホルダーエンゲージメントは、「ＳＤＧコンパス」の用語を借りれば、企業のアウトサイドから意見を取り込む手段ということになる。いずれにしても、企業が社会や環境に対する責任を果たすうえで、社会からのフィードバックを得るための中心的なプロセスを、ステークホルダーエンゲージメントは担うことになる。

　このように企業が社会的責任を履行する際に必要なフィードバックプロセスは、ステークホルダーエンゲージメントとしてすでに定式化されているが、それが実際に有効に機能しているかどうかについては、これまで厳しい批判もなされている。その主要な批判点は、ステークホルダーエンゲージメントが、ステークホルダーからの意見を取り入れるというよりは、企業の意見を逆に強化するための手段として機能しているのではないかという点にある。たとえば、会計と社会について研究している堀口真司は、この点について、「『ステイクホルダー』という概念が、ステイクホルダーの管理という私的主体の視点から対象化されてきたものである以上、ステイクホルダー・エンゲージメントなる活動が公的役割を果たすことは、恐らく原理的に不可能である[12]」と根本的な批判を展開する。

たしかに、社会的問題解決の立場からＮＧＯが主体的に企業と交渉して、何らかの成果を勝ち取るという事例も一部には存在するが、ほとんどのステークホルダーエンゲージメントにかかわる実践は、企業が何らかの経営目的を遂行するために特定のステークホルダーに呼びかけて実施しているもので、本当に社会や環境の声がそこにフィードバックされているとは限らない。ステークホルダーエンゲージメントのプロセスを公平なものであると外部機関に保証してもらう方法も存在するが、それにしても外形的な審査に過ぎず、実質的なところまでは保証できない。しかし、それでも現在実施されているステークホルダーエンゲージメントの意義をすべて否定してしまうのは、少し行きすぎであろう。フィードバックプロセスとして、ステークホルダーエンゲージメントを見た場合、形式上はこれ以上の制度を設計することは難しく、問題はその活用方法にあると思われるからである。ステークホルダーエンゲージメントは、前述のとおりザデックが率いていたころのAccountAbilityというＮＧＯが開発したものであり、その出自は私的企業の管理の外側にあり、本質的には私的組織の中に公的空間を創り出すことを企図したものであった。この可能性そのものは限界まで追求する価値がある。

重要なことは、ステークホルダーエンゲージメントという仕組みを否定することではなく、主役となるステークホルダーが、社会と環境の観点から実質的に機能するようになるためには、何が必要なのかを考えることである。社会問題や環境問題の解決を目指すＮＧＯの場合はその点が明確であるが、彼らは特定の問題が解決すれば企業から去っていくし、これらのＮＧＯは企業の数に比べてはるかに少数であるから、よほど大きな企業や社会的に何らかの問題のある企業でなければ、このようなＮＧＯと接触する機会もない。したがって、NGOに多くを期待することには無理がある。また、企業の立場から、いろいろなステークホルダーを人選したとしても、その選別にバイアスが存在するだけでなく、選ばれたステークホルダーがその企業の社会活動や環境活動にどの程度関心があるのか不明であるため、それだけでは、公的問題を解決する有益な議論が展開される可能性は高くはない。実は、このことはCSR報告書をいくら一生懸命作成しても、誰も読んでくれないと嘆く担当者の声と共通している。なぜなら、本当に対象としなければならないステークホルダーは外部の読者だけではないからである。

われわれは、「経済の時代」から「人間の時代」への転換を目指して、議論を重ねてきた。そこでの焦点は、企業という私的組織の中に公的空間を開くにはどうしたらよいのかという問題に絞られてきた。無限責任という哲学理論も、複数評価原理の会計も、信任義務に関する法規制も、そのための手段ではあるが、最終的にそれを担う主体は誰なのかという問題に立ち返る必要がある。「SDGコンパス」が提唱する「アウトサイド・イン・アプローチ」のアウトサイド（外部）とはどこにあるのか。この外部をSDGsのような企業外部の指針だけに求めるならば、そしてステークホルダーも企業外部の有識者に頼む限り、SDGsの目標を企業に入れることは、既存の管理システムを回すことと何ら変わらない。それを克服するためにフィードバックプロセスがあるとすれば、今度はその中心を組織の内部に求めるしかない。それは企業で働く人間ということになる。

経済に侵食されて多様な価値観が奪われて苦しんでいるのは人間にほかならない。したがって、人間が中心にならなければ、経済から人間への転換を図ることはできない。そのために私的な経済組織である企業の中に公的空間を創ることができるのは、外部者ではなく、内部者でなければ不可能である。外部から移入した公共性だけでは、企業の中では生命を持たず、経済とは分離された状態で凍結されるか、排除されるか、あるいは経済に従属した手段となるしかない。そうではなくて、企業の中に公的空間を確保するためには、そこで働く人間の公共的な意識が発現されなければならず、そのための場を継続的に確保しなければならない。

幸いにもSDGsという強力な後ろ盾のもとで、企業という私的な経済組織の中でも、人間の尊厳を高める公的活動を行うことが、少なくとも部分的には可能になった。複数評価原理の会計手法を導入することで、経済以外の価値の追求を支援することができることも示された。しかし、これらの手段は、企業という組織体では、管理システムを通じてしか実現できないので、その限界を克服するために、絶えず目標と結果を吟味するフィードバックプロセスが必要となるのである。そして、そこでは、企業で働いている人々が「従業員」もしくは「会社員」としてではなく、多元性を有する「人間」として議論に参画しなければならない。企業で働く人間が公的存在であるステークホルダーとして参画してこそ、フィードバックシステムとしてのステークホルダーエンゲージメントは機能するのであり、企業外部者の意見はそれを前提にしなければ有効に活用することなど期待できない。

企業で働く人間が、公的存在として参画するステークホルダーエンゲージメントは、すでに旧来のステークホルダーエンゲージメントの範囲を超えるものであり、本章の冒頭で引用したジャン-ジャック・ルソーが民主制を維持するために、絶対に必須であると強調した全員が参加する定例の集会のようなものである。ルソーは、この集会は絶対に延期したり、廃止したりしてはならないと言ったが、企業という私的な経済空間の中に公的空間を作り出す場合にも、それが人間の多元性を尊重する民主的な側面を持つ以上、このような種類の集会が必要なのである。たとえば、全社員が一堂に会して、その企業の社会活動や環境活動を議論するような場が求められることになる。もちろん、一堂に会することが物理的に不可能な企業は、テクノロジーの発達した現代であれば、いくらでも代替的な方法が考えられるであろう。しかし、絶対に変えてはならないことは、企業で働く人々が、企業にかかわる経済以外の影響や活動について考えて発言する機会を定期的に確保することである[13]。

それでは実際にそのような機会はあるのであろうか。現状のステークホルダーエンゲージメントをこのような趣旨から作り替えていくためには、現実に機能しているCSR委員会（その多くは社長もしくは役員が議長を務める）のような公式的な会議体を、CSR集会のようなインフォーマルな会議体も含めて、会社の一会議としてではなく、公的な人間が平等な立場で意見を闘わせる公共的な場として設定することが有効な手段となろう。責任と権限が垂直的なアカウンタビリティとなって「組織的な筋金」として機能している企業において、たとえCSRをテーマとする会議体でも、このようなことが容易ではないことは十分理解できる。しかし、垂直的なアカウンタビリティを、その空間内だけは水平的にして無限のアカウンタビリティを履行できるようにしない限り、企業の社会的責任は私的組織による私的行為の範囲を出ることはなく、現在生じているさまざまな社会問題の抜本的な解決へ向けた道筋は見えてこないのである。

そして、このような企業内部者の主体的な参画の場が確保されて、はじめて、企業外部のステークホルダーの参画が有効になる。経済学の立場から正義の問題を研究するアマルティア・センは、アダム・スミスが『道徳感情論』において「公平な観察者」の重要性を説いていたことを論拠に、第三者の視線を経済に正義をもたらすための不可欠の要素とみなしている[14]。また、瀧川裕英も、「責任過程が答責者・問責者という当事者に閉じられているのではなく、第三者に対して公開されていることによって、責任実践は公共的な性格を帯びることになる[15]」と指摘している。このことはステークホルダーエンゲージメントという実践にもそのまま当てはまるであろう。このような実践は新たな規範を形成し、倫理を創造する可能性を持つ。ステークホルダーエンゲージメントに企業の外部者が関与すべき、最も重要な理由はここにある。しかしそれは、あくまでも企業内部のステークホルダーの公的な活動があって、はじめて機能するのである。それがなければ、外部者が関与すべき対象が見つからなくなってしまう。

このような観点からステークホルダーエンゲージメントが制度化されるのであれば、それはまさにコーポレートガバナンスの一環となるであろう。コーポレートガバナンスは、もともとは株主総会で選出された取締役会による経営者の規律づけを基本とするが、近年は、株主だけでなく、幅広いステークホルダーの役割が強調されるようになっている。二〇一五年に東京証券取引所は上場企業に要求する「コーポレートガバナンス・コード」を発表したが、そこでは株主への対応のみならず、「株主以外のステークホルダーとの適切な協働」も強く求められている。ステークホルダーエンゲージメントは、コーポレートガバナンスの範囲にとどまらず、ソーシャルガバナンスも対象とするものであるが、そのためにも株式会社の基幹制度であるコーポレートガバナンスと連携させることによって、より有効に機能すると考えられる[16]。その究極の姿は取締役会そのものを公共的な討議の場として再設計することであろう。もちろん、私的組織の事実上の最高意思決定機関である取締役会の活動をすべて公共的にすることはできない相談かもしれない。しかし、すべてではなく一部の議題についてだけでも公的な視点から議論し、その内容を公開するようなことが実現すれば、「経済の時代」から「人間の時代」に一歩近づくことになろう。もちろん、そのような場は法律で規定された取締役会である必要はなく、取締役一人一人が無限責任に基づいて行動できるのであれば、どのような場であっても何ら問題はない。

5　経営倫理としての実践

本章では、まず、無限責任を実践するための方法として、私的組織の中で公共的な責任を認識して行動できるのはそこで働く人間でしかありえないことを示した。次に、その人間が企業の中に公共的な責任を移入するための手段として、ＳＤＧｓのような全世界が認めた人間の尊厳を守るための多元的な目標が活用できる可能性を議論した。しかし、ＳＤＧｓの目標を外部から移入しただけでは、企業の管理システムに飲み込まれてしまう恐れが強いので、それを克服するためには、常に目標と結果を吟味するフィードバックシステムが必要なことを指摘した。ＣＳＲの世界では、フィードバックシステムとしてステークホルダーエンゲージメントが確立されているが、既存のステークホルダーエンゲージメントに多くを期待することはできず、フィードバックシステムを機能させるためには、企業で働く人間が経済を超える価値の重要性を企業活動に即して考え、発言し、実践できる場として、ステークホルダーエンゲージメントを再設計することが必要であることを論じた。

これまでの議論から明らかなように、「経済の時代」から「人間の時代」へ転換するための形式的な枠組みは、個別のパーツはまだ不完全であり改善の余地があるものの、外形としてはほぼ確立されてきていると言うことができよう。次は、この形式的な枠組みを動かす力が必要となる。経済システムを動かす貨幣のような動力が求められる。そのためには何が必要か。これは人類共通の問題であり、まさに倫理の問題である。これまで正義や愛などさまざまな呼称を用いてきたが、これらの概念は倫理の名のもとに総括することができる。そのように理解すれば、正義も愛もそれに従う無限の責任も、倫理の表現形態として位置づけられる。では、経済に変えて、倫理を動力源として活用することはできるのであろうか。しかも、経済に対抗するためには企業の現場で応用可能でなければならない。

企業活動をめぐる倫理は「経営倫理」と呼ばれ、すでに実務に浸透している。しかし、「経営倫理」は企業経営を円滑に行うために、企業が守るべき規則や規範という側面が強く、静的なイメージが強い。「企業倫理コード」のような名称で文章化している企業も少なくないが、そのような「倫理」は、社会のためというよりも、企業が経済活動を円滑に行うための条件に過ぎない。それは多くの倫理規定が「……してはならない」という否定形で書かれていることからも明らかであろう。そうなってしまうと、それはもはや経済活動の手段以外の何物でもなく、経済の中で人間を回復することは望めない。われわれは、経済活動の手段と化してしまったカッコ付きの「経営倫理」から本当の意味での経営倫理を救い出す必要がある。伝統的な会計の基礎にある有限のアカウンタビリティも既存の「経営倫理」そのものである。したがって、アカウンタビリティを超えなければならない。そのために、無限責任を基礎にした「人間の時代」に適した新しい経営倫理を構築する必要がある。それを前提としなければ、ステークホルダーエンゲージメントの再設計は望めず、どのような新しいイニシャティブも結局は経済システムの中に回収されてしまうことになろう。

なお、正確に言えば、ここで問題としていることは倫理そのものであり、わざわざ経営倫理と言い変える必要はないかもしれない。しかし、われわれは経済と人間を対置しているため、経済組織である企業の経営に携わる人間の倫理としての意味を強調するために、経営倫理という用語を使用している。したがって、ここでの経営倫理は business ethics ではなく、management ethics[17]であり、management とは経営トップだけでなく、広く経営に携わる人間一般という意味を持たせている。

では、どのようにすればこのような新しい経営倫理を確立することができるのか。そもそも倫理とはいったい何なのか。第3章で価値についてのウィトゲンシュタインの主張を紹介したが、彼は価値の説明に引き続いて倫理について以下のように説明している。

「それ（価値——引用者注）は世界の外になければならない。
それゆえ倫理学の命題も存在しない。

命題は（倫理という）高い次元をまったく表現できない。
倫理が言い表しえぬものであることは明らかである。
倫理は超越論的である。[18]」

つまり、倫理とは価値（worth）と同じように、論理的に言って、われわれの外部にしか存在しえないものなのである。ウィトゲンシュタインは『論理哲学論考』の「草稿」において、「倫理は世界に関わらない。倫理は論理と同じく世界の条件でなければならない[19]」と主張しているが、倫理とはこのような意味で超越的なものなのである。ちなみに、ウィトゲンシュタインにとっての世界とは「成立していることがらの総体[20]」であるので、倫理とは成立していることがらの中にあるのではなく、その外部にあって、条件として作用するものなのである。したがって、もし「経営倫理」が記述できるとすれば、それはすでに倫理ではないのである[21]。

これは、本書で議論してきたデリダやレヴィナスが言う無限と同じ性質を持つものである。無限であるから表現できない。しかし、無限であるということは存在しないということではない。レヴィナスが説明するように、「〈無限〉は命令し、その意味で内面的なもの」であり、「無限に外的なものが内なる声と化す[22]」のである。したがって、倫理とは表現することができないけれども[23]、外部から人間の内面に働きかけて行動を促す何かなのである。この説明がわかりにくければ、新古典派経済学が想定する経済人モデルを考えてみればよい。自身の効用を最大化する経済人の行動原理は、常に経済人の外部から経済人の行動を規律する。経済人は、当然のことながら、経済の行動原理を変更することはできない。経済人にとって、経済は倫理であり外部にある。本書で問題提起してきた「経済の時代」とは、経済が倫理になりかけている時代でもある。

したがって、経済を外部の位置から引き下ろし、人間にとって操作可能にするためには、経済に代わる「人間の時代」の経営倫理を外部に置かねばならない。そのためには実践しか手段がない。倫理は実践を通じてしか発現されないし、形成することもできない。これは、第1章で言及したカントの定言命法「君の意志の採用する行動原理が、つねに同時に普遍的な法則を定める原理としても妥当するように行動せよ」[24]という形式的な自己循環メカニズムの一つの具体化でもある。ここで議論している新しい経営倫理は企業の現場で「普遍的な法則を定める原理」にほかならない。経済は自己循環するシステムであるから、経済に対抗するには別の循環システムが必要となるが、新しい経営倫理はこの循環の源になるものである。経済人が効用を最大化するように、人間が普遍的な法則を定める原理に妥当するように行動すれば、企業社会においても「経済の時代」から「人間の時代」への展望が開けるのである。

しかし、このような実践は理論的に示すだけでは、実際に生起するとは限らない。そのために制度が必要になる。ドゥルーズが指摘するように、「主体は、自らの傾向性と外界の間に、独自の世界を確立(＝制度化)することによって、数々の人為的な充足手段を作り上げる」[25]とすれば、新しい経営倫理を実践するための制度が探求されるべきであろう。その制度が、これまで議論してきた、複数評価原理の会計、信任義務に関する法規範、ステークホルダーエンゲージメントなのである。しかし、これらの制度は形式に過ぎないので、そこに実質を与える必要がある。その一例としてＳＤＧｓを取り上げたが、この種の経済とは異なる多元的な目標はほかにもいくらでも存在するし、今後も創り出すことができる。新しい経営倫理はこのような制度や具体的な目的を与えられて、実際に起動することができる。

ただし、そこで設定される目標を倫理であると誤解してはならない。具体の指標や評価を倫理の代替であると誤解すれば、アドルノやバトラーが批判する倫理的暴力を避けることができない。倫理は無限と同じように外部にしか存在していない。その外部をわれわれは触知することができないために、制度を仮構するのである。制度や目標はあくまでも手段でしかないから、それを倫理であると誤解してはならない。そうなれば倫理から最も遠ざかってしまうことになる。したがって、目標や制度は常に創りかえられる必要がある。ＳＤＧｓも二〇三〇年までの期間限定の目標でしかない。制度にしても、完全な制度はありえないから、アカウンタビリティ関係も、複数評価原理の会計手法も、ステークホルダーエンゲージメントも常に継続的に改善していくことが求められる。そのために、制度の中に制度を変更するメカニズムを導入しておくことが求められる。それがフィードバックプロセスである。当然、フィードバックプロセスそのものも改善の対象となる。

幸いにも外形的な制度は、すでに基本形として整っている。新しい技術や手法を開発しなければ対応できないという状況ではない。今後はそれらの手段を活用して、有限のアカウンタビリティを超える実践を生み出し、継続することが求められる。このような活動を通して、はじめて新しい経営倫理が実践として顕現するであろう。それが本当の意味でのアウトサイド・インであり、「人間の条件」となる。

注

1 ルソー（1762/2008）p. 184.
2 コント-スポンヴィル（2004/2006）p. 151.
3 コント-スポンヴィル（2004/2006）p. 189.
4 コント-スポンヴィル（2004/2006）p. 92.
5 UN（2015）.
6 GRI *et al.*（2015）.
7 GRI *et al.*（2015）p. 19.
8 このような構想はザデックの主著 *The Civil Corporation* にまとめられている（Zadek, 2007）。Civil Corporation とは構成員が「市民」としての意識を持って携わる会社を意味する。
9 AccountAbility はステークホルダーエンゲージメントやその保証に関するマニュアルやスタンダードを数多く発行し、実務界に大きな影響を与えたが、ザデックは二〇〇九年に AccountAbility を去り、その後は影響力が低下している。
10 ISO26000（2010）2.21.
11 AccountAbility（2015）p. 21.
12 堀口（2013）p. 210.
13 ルソーはこのような集会の開催頻度についても議論しており、「政府の力が強いほど主権者は頻繁に自己の意思を表明すべき」と主張している。本書の文脈に置き換えれば、社会的問題の圧力が大きいほど、ステークホルダーエンゲージメントは頻繁に実施されるべきということになる。ルソー（1762/2008）p. 184.
14 Sen（2009）ch. 6.
15 瀧川（2003）p. 157.
16 稲葉振一郎は、コーポレートガバナンスを市場の中における政治の場として位置づけ、国家以外の政治の場としての重要性に注目しているが，そこにステークホルダーエンゲージメントの要素を取り入れることができれば，その政治はより民主化することが期待される。稲葉（2017）第七章を参照。

17 management ethicsという用語は経営者倫理という意味で使用される場合もある（Bowie, 2005）。

18 ウィトゲンシュタイン（1933/2003）6.41, 6.42, 6.421.

19 ウィトゲンシュタイン（1914–16/1975）p. 262. なお，「草稿」の翻訳者の奥雅博はEthikを「倫理学」と訳しているが，本書では岩波文庫版の『論理哲学論考』の訳者・野矢茂樹による訳である「倫理」を採用している。なお，野矢（2006）p. 287も参照。

20 ウィトゲンシュタイン（1933/2003）1.

21 ちなみに，ウィトゲンシュタインは上記の節の最後に「（倫理と美は一つである）」という挿入句を入れて，その節を締めくくっている。倫理と美の相同性については，カントの『判断力批判』を契機として，多くの議論が重ねられている。熊野（2017）も参照。

22 レヴィナス（1982/2010）p. 140. 同じ節で，レヴィナスは内面性について次のように説明している。「内面性とは，したがって，自我の中のどこかにある秘密の場所ではない。それはある種の逆転であり，すぐれて外的なものである。」

23 「表現できない」ということは，言葉で表現することではその存在を正しく捉えることができないという意味である。筆者は，ウィトゲンシュタインが提起した命題「語りえぬものについては，沈黙せねばならない」をこの意味で理解すべきと考える。

24 カント（1788/2013）p. 89.

25 ドゥルーズ（1953/2010）p. 75.

人名索引

な　行

は　行

ま・や 行

ら・わ 行

事 項 索 引

か　行

さ 行

た・な 行

は 行

ま　行

ら　行

参考文献

＊ 日本語文献で出版年の表記が（A/B）となっているのは，A が原著の発行年，B が訳書の発行年である。

AccountAbility（2015）*AA1000 Stakeholder Engagement Standard 2015*, AccountAbility.

American Accounting Association（1966）*A Statement of Basic Accounting Theory*, AAA（飯野利夫訳『基礎的会計理論』国元書房，1969）.

Annisette, M. and Richardson, A. J.（2011）"Justification and accounting: Applying sociology of worth to accounting research," *Accounting, Auditing & Accountability Journal*, 24(2), pp. 229–249.

Arendt, H.（1958）*The Human Condition*, University of Chicago Press（志水速雄訳『人間の条件』筑摩書房，1994）.

Arendt, H.（2003）*Responsibility and Judgment*（J. Kohn ed.）Schocken（中山元訳『責任と判断』筑摩書房，2007）.

Austin, J. L.（1962）*How to Do Things with Words*, Harvard University Press（坂本百大訳『言語と行為』大修館書店，1978）.

Bebbington, J., Brown, J. and Frame, B.（2007）"Accounting technologies and sustainability assessment models," *Ecological Economics*, 61(2–3), pp. 224–236.

Blackburn, N., Brown, J., Dillard, J. and Hooper, V.（2014）"A dialogical framing of AIS-SEA design," *International Journal of Accounting Information Systems*, 15(2), pp. 83–101.

Bovens, M.（2007）"Analysing and assessing accountability: A conceptual framework," *European Law Journal*, 13(4), pp. 447–468.

Bowie, N. E.（1999）*Business Ethics: A Kantian Perspective*, Blackwell Publishers（中谷常二・勝西良典監訳『利益につながるビジネス倫理――カントと経営学の架け橋』晃洋書房，2009）.

Bowie, N. E.（2005）*Management Ethics*（with P. H. Werhane）Blackwell Publishing.

Brown, J. (2009) "Democracy, sustainability and dialogic accounting technologies: Taking pluralism seriously," *Critical Perspectives on Accounting*, 20(3), pp. 313–342.

Brown, J. and Dillard, J. (2014) "Integrated reporting: On the need for broadening out and opening up," *Accounting, Auditing & Accountability Journal*, 27(7), pp. 1120–1156.

Brown, J. and Dillard, J. (2015) "Dialogic accountings for stakeholders: On opening up and closing down participatory governance," *Journal of Management Studies*, 52(7), pp. 961–985.

Butler, J. (2005) *Giving an Account of Oneself*, Fordham University Press (佐藤嘉幸・清水知子訳『自分自身を説明すること――倫理的暴力の批判』月曜社, 2008).

Chandler, A. D., Jr. (1977) *The Visible Hand: The Managerial Revolution in American Business*, Harvard University Press (鳥羽欽一郎・小林袈裟治訳『経営者の時代――アメリカ産業における近代企業の成立』上・下, 東洋経済新報社, 1979).

Chenhall, R. H., Hall, M. and Smith, D. (2013) "Performance measurement, mode of evaluation and the development of compromising accounts," *Accounting, Organizations and Society*, 38(4), pp. 268–287.

Derrida, J. (1992) "Force of law: The 'mystical foundation of authority'," in D. Cornell, M. Rosenfeld and D. G. Carlson eds., *Deconstruction and the Possibility of Justice*, Routledge, pp. 3–67 (堅田研一訳『法の力』法政大学出版局, 1999).

Derrida, J. (1996) "Remarks on deconstruction and pragmatism," in C. Mouffe ed., *Deconstruction and Pragmatism*, Routledge, pp. 77–88 (青木隆嘉訳「脱構築とプラグマティズムについての考察」『脱構築とプラグマティズム――来たるべき民主主義』法政大学出版局, 2002, 所収, pp. 147–169).

Dillard, J. and Yuthas, K. (2013) "Critical dialogics, agonistic pluralism, and accounting information systems," *International Journal of Accounting Information Systems*, 14(2), pp. 113–119.

European Commission (2001) "Promoting a European Framework for Corporate Social Responsibility," COM (2001) 366.

European Commission (2011) "A Renewed EU Strategy 2011–14 for Corporate Social Responsibility," COM (2011) 681.

Flower, J.（2015）“The international integrated reporting council: A story of failure,” *Critical Perspectives on Accounting*, 27, pp. 1–17.

Frame, B. and Brown, J.（2008）“Developing post-normal technologies for sustainability,” *Ecological Economics*, 65(2), pp. 225–241.

Frankel, T.（2011）*Fiduciary Law*, Oxford University Press（溜箭将之監訳，三菱 UFJ 信託銀行 Fiduciary Law 研究会訳『フィデューシャリー――「託される人」の法理論』弘文堂，2014).

Giddens, A.（1994）*Beyond Left and Right: The Future of Radical Politics*, Polity Press（松尾精文・立花隆介訳『左派右派を超えて――ラディカルな政治の未来像』而立書房，2002).

Gray, R., Adams, C. A. and Owen, D.（2014）*Accountability, Social Responsibility and Sustainability: Accounting for Society and the Environment*, Pearson.

Gray, R., Owen, D. and Adams, C.（1996）*Accounting & Accountability: Changes and Challenges in Corporate Social and Environmental Reporting*, Prentice-Hall（山上達人監訳，水野一郎・向山敦夫・國部克彦・冨増和彦訳『会計とアカウンタビリティ――企業社会環境報告の変化と挑戦』白桃書房，2003).

Gray, R., Owen, D. and Maunders, K.（1987）*Corporate Social Reporting: Accounting and Accountability*, Prentice-Hall（山上達人監訳，水野一郎・向山敦夫・國部克彦・冨増和彦訳『企業の社会報告――会計とアカウンタビリティ』白桃書房，1992).

GRI（2013）*G4 Sustainable Reporting Guidelines*, GRI.

GRI（2016）*GRI Standards*, GRI.

GRI, UN Global Compact and WBCSD（2015）*SDG Compass: The Guide for Business Action on the SDGs*（グローバル・コンパクト・ネットワーク・ジャパン＝IGES 訳『SDGs の企業行動指針――SDGs を企業はどう活用するか』2015).

Hayek, F. A.（1976）*Law, Legislation and Liberty: A New Statement of the Liberal Principles of Justice and Political Economy, Vol. 2, The Mirage of Social Justice*, Routledge & Kegan Paul（篠塚慎吾訳『法と立法と自由 II　社会正義の幻想』春秋社，1987).

IIRC（2013）*The International 〈IR〉 Framework*, IIRC（日本公認会計士協会訳『国際統合報告フレームワーク』2014).

ISO 14051（2011）*Environmental Management - Material Flow Cost*

Accounting - General Framework, ISO（JIS Q 14051『環境マネジメント－マテリアルフローコスト会計－一般的枠組み』日本規格協会, 2012）.

ISO 14052（2017）*Environmental Management - Material Flow Cost Accounting - Guidance for Practical Implementation in a Supply Chain*, ISO.

ISO 26000（2010）*Guidance on Social Responsibility*, ISO（JIS Z 26000『社会的責任に関する手引』日本規格協会, 2012）.

Kaplan, R. S. and Norton, D. P.（1996）*The Balanced Scorecard: Translating Strategy into Action*, Harvard Business School Press（吉川武男訳『バランス・スコアカード――新しい経営指標による企業変革』生産性出版, 1997）.

Laclau, E. and Mouffe, C.（2001）*Hegemony and Socialist Strategy: Towards a Radical Democratic Politics*（*2nd ed.*）, Verso（西永亮・千葉眞訳『民主主義の革命――ヘゲモニーとポスト・マルクス主義』筑摩書房, 2012）.

Latour, B.（1987）*Science in Action: How to Follow Scientists and Engineers through Society*, Harvard University Press（川崎勝・高田紀代志訳『科学が作られているとき――人類学的考察』産業図書, 1999）.

Latour, B. and Callon, M.（2011）"'Thou shall not calculate!' or how to symmetricalize gift and capital," *Athenea Digital: Revista de Pensamiento e Investigación Social*, 11(1), pp. 171–192.

Levy, D. L., Brown, H. S. and Jong, M. de（2010）"The contested politics of corporate governance: The case of the Global Reporting Initiative," *Business & Society*, 49(1), pp. 88–115.

McKernan, J. F.（2011）"Deconstruction and the responsibilities of the accounting academic," *Critical Perspectives on Accounting*, 22(7), pp. 698–713.

McKernan, J. F.（2012）"Accountability as aporia, testimony, and gift," *Critical Perspectives on Accounting*, 23(3), pp. 258–278.

McKernan, J. F. and Kosmala, K.（2007）"Doing the truth: Religion – deconstruction – justice, and accounting," *Accounting, Auditing & Accountability Journal*, 20(5), pp. 729–764.

Messner, M.（2007）"Being accountable and being responsible," in C. Carter, S. Clegg, M. Kornberger, S. Laske and M. Messner eds., *Busi-*

ness Ethics as Practice: Representation, Reflexivity and Performance, Edward Elgar, pp. 49–67.

Messner, M.（2009）“The limits of accountability,” *Accounting, Organizations and Society*, 34(8), pp. 918–938.

Miller, P. and O’Leary, T.（1987）“Accounting and the construction of the governable person,” *Accounting, Organizations and Society*, 12(3), pp. 235–265.

Miller, P. and Power, M.（2013）“Accounting, organizing, and economizing: Connecting accounting research and organization theory,” *The Academy of Management Annals*, 7(1), pp. 557–605.

Milne, M. J. and Gray, R.（2013）“W(h)ither ecology? The triple bottom line, the Global Reporting Initiative, and corporate sustainability reporting,” *Journal of Business Ethics*, 118(1), pp. 13–29.

Mouffe, C.（1993）*The Return of the Political*, Verso（千葉眞・土井美徳・田中智彦・山田竜作訳『政治的なるものの再興』日本経済評論社，1998）.

Mouffe, C. ed.（1996）*Deconstruction and Pragmatism*, Routledge（青木隆嘉訳『脱構築とプラグマティズム——来たるべき民主主義』法政大学出版局，2002）.

Mouffe, C.（2000）*The Democratic Paradox*, Verso（葛西弘隆訳『民主主義の逆説』以文社，2006）.

Mouffe, C.（2005）*On the Political*, Routledge（酒井隆史監訳，篠原雅武訳『政治的なものについて——闘技的民主主義と多元主義的グローバル秩序の構築』明石書店，2008）.

Mouffe, C.（2013）*Agonistics: Thinking the World Politically*, Verso.

O’Neill, O.（2002）*A Question of Trust*, Cambridge University Press.

Polanyi, K.（1947）“Our obsolete market mentarity: Civilization must find a new thought pattern,” in G. Dalton ed., *Primitive, Archaic, and Modern Economies: Essays of Karl Polanyi*, Beacon Press, 1971, pp. 59–77（玉野井芳郎・平野健一郎編訳「時代遅れの市場志向」『経済の文明史』筑摩書房，2003，所収，pp. 49–79）.

Porter, T. M.（1995）*Trust in Numbers: The Pursuit of Objectivity in Science and Public Life*, Princeton University Press（藤垣裕子訳『数値と客観性——科学と社会における信頼の獲得』みすず書房，2013）.

Power, M.（1991）“Auditing and environmental expertise: Between pro-

test and professionalisation," *Accounting, Auditing & Accountability Journal*, 4(3), pp. 30–42.

Power, M. (1994) "Constructing the responsible organization: Accounting and environmental representation," in G. Teubner, L. Farmer and D. Murphy eds., *Environmental Law and Ecological Responsibility: The Concept and Practice of Ecological Self-organization*, John Wiley & Sons, pp. 369–392.

Power, M. (1997) *The Audit Society: Rituals of Verification*, Oxford University Press（國部克彦・堀口真司訳『監査社会――検証の儀式化』東洋経済新報社，2003）.

Power, M. (2007) *Organized Uncertainty: Designing a World of Risk Management*, Oxford University Press（堀口真司訳『リスクを管理する――不確実性の組織化』中央経済社，2011）.

Rawls, J. (1999) *A Theory of Justice* (*rev. ed.*), Harvard University Press.（川本隆史・福間聡・神島裕子訳『正義論（改訂版）』紀伊國屋書店，2010）.

Roberts, J. (2009) "No one is perfect: The limits of transparency and an ethic for 'intelligent' accountability," *Accounting, Organizations and Society*, 34(8), pp. 957–970.

Ruggie, J. G. (2013) *Just Business: Multinational Corporations and Human Rights*, W. W. Norton（東澤靖訳『正しいビジネス――世界が取り組む「多国籍企業と人権」の課題』岩波書店，2014）.

Sandel, M. J. (2005) *Public Philosophy: Essays on Morality in Politics*, Harvard University Press（鬼澤忍訳『公共哲学――政治における道徳を考える』筑摩書房，2011）.

Sen, A. (2009) *The Idea of Justice*, Harvard University Press（池本幸生訳『正義のアイデア』明石書店，2011）.

Simons, R. (1995) *Levers of Control: How Managers Use Innovative Control Systems to Drive Strategic Renewal*, Harvard Business School Press（中村元一・黒田哲彦・浦島史惠訳『ハーバード流「21世紀経営」4つのコントロール・レバー』産能大学出版部，1998）.

Skeggs, B. (2014) "Values beyond value? Is anything beyond the logic of capital?" *The British Journal of Sociology*, 65(1), pp. 1–20.

Stark, D. (2009) *The Sense of Dissonance: Accounts of Worth in Economic Life*, Princeton University Press（中野勉・中野真澄訳『多様性とイノ

ベーション――価値体系のマネジメントと組織のネットワーク・ダイナミズム』マグロウヒル・エデュケーション，2011).
UN (2015) *Transforming Our World: The 2030 Agenda for Sustainable Development*, United Nations A/70/L.1 (外務省仮訳『我々の世界を変革する――持続可能な開発のための2030アジェンダ』2015).
Vinnari, E. and Dillard, J. (2016) "(ANT) agonistics: Pluralistic politicization of, and by, accounting and its technologies," *Critical Perspectives on Accounting*, 39, pp. 25–44.
Walzer, M. (1983) *Spheres of Justice: A Defense of Pluralism and Equality*, Basic Books (山口晃訳『正義の領分――多元性と平等の擁護』而立書房，1999).
Weisband, E. (2007) "Conclusion, Prolegomena to a postmodern public ethics: Images of accountability in global frames," in A. Ebrahim and E. Weisband eds., *Global Accountabilities: Participation, Pluralism, and Public Ethics*, Cambridge University Press, pp. 307–339.
Zadek, S. (2007) *The Civil Corporation* (*rev. ed.*), Earthscan.
青柳文司 (1986)『アメリカ会計学』中央経済社.
青柳文司 (1991)『会計学の基礎』中央経済社.
アガンベン，ジョルジョ (2005/2005)『瀆神』(上村忠男・堤康徳訳) 月曜社.
アガンベン，ジョルジョ (mimeo/2006)「装置とは何か？」(高桑和巳訳)『現代思想』34(7), pp. 84–96.
アドルノ，テオドール (1996/2006)『道徳哲学講義』(船戸満之訳) 作品社.
阿部健人 (2016)「会計で統治する――Peter Millerの会計研究」『六甲台論集 経営学編』63(2), pp. 89–106.
アリストテレス (1971–73)『ニコマコス倫理学』上・下 (高田三郎訳) 岩波書店.
飯田修三・山上達人編著 (1998)『現代会計とグリーン・アカウンタビリティ――環境会計の理論と展開』森山書店.
井尻雄士 (1975)『会計測定の理論』東洋経済新報社.
伊藤邦雄 (2016)『新・現代会計入門 (第2版)』日本経済新聞出版社.
稲葉振一郎 (2008)『「公共性」論』NTT出版.
稲葉振一郎 (2017)『政治の理論――リベラルな共和主義のために』中央公論新社.
岩井克人 (2002)「株式会社の本質――その法律的構造と経済的機能」大塚

啓二郎・中山幹夫・福田慎一・本多佑三編『現代経済学の潮流 2002』東洋経済新報社，所収，pp. 73–105.
岩井克人（2014）『資本主義から市民主義へ』（三浦雅士聞き手）筑摩書房.
岩井克人（2015）『経済学の宇宙』（前田裕之聞き手）日本経済新聞出版社.
岩井克人・佐藤孝弘（2011）『IFRS に異議あり――国際会計基準の品質を問う』日本経済新聞出版社.
岩田浩（2016）『経営倫理とプラグマティズム――ジョン・デューイの思想に依拠した序説的考察』文眞堂.
ウィトゲンシュタイン，ルートヴィヒ（1914–16/1975）「草稿 1914–1916」『ウィトゲンシュタイン全集 第 1 巻』（奥雅博訳）大修館書店.
ウィトゲンシュタイン，ルートヴィヒ（1933/2003）『論理哲学論考』（野矢茂樹訳）岩波書店.
ウィトゲンシュタイン，ルートヴィヒ（1953/2013）『哲学探究』（丘沢静也訳）岩波書店.
ウィトゲンシュタイン，ルートヴィヒ（1969/1975）「確実性の問題」『ウィトゲンシュタイン全集 第 9 巻』（黒田亘訳）大修館書店.
ウェーバー，マックス（1920/1989）『プロテスタンティズムの倫理と資本主義の精神（改訳）』（大塚久雄訳）岩波書店.
梅木達郎（2002）『脱構築と公共性』松籟社.
大澤真幸（2015）『自由という牢獄――責任・公共性・資本主義』岩波書店.
大西靖（2011）「環境外部性マネジメントを支援する環境管理会計――ポストノーマルサイエンス技術としての会計と対話」國部克彦編著『環境経営意思決定を支援する会計システム』中央経済社，所収，pp. 169–196.
カイエ，アラン（1989/2011）『功利的理性批判――民主主義・贈与・共同体』（藤岡俊博訳）以文社.
堅田研一（2009）『法の脱構築と人間の社会性』御茶の水書房.
加登豊・松尾貴巳・梶原武久編著（2010）『管理会計研究のフロンティア』中央経済社.
加藤尚武（1997）『現代倫理学入門』講談社.
川谷茂樹（2009）「デリダの正義論――カント倫理学との対質」『北海学園大学学園論集』142, pp. 1–23.
カント，イマニュエル（1785/2012）『道徳形而上学の基礎づけ』（中山元訳）光文社.
カント，イマニュエル（1788/2013）『実践理性批判』1・2（中山元訳）光文社.

カント，イマニュエル（1790/1964）『判断力批判』上・下（篠田英雄訳）岩波書店.
熊野純彦（2017）『カント――美と倫理とのはざまで』講談社.
ゲーテ（1796/2000）『ヴィルヘルム・マイスターの修業時代』上・中・下（山崎章甫訳）岩波書店.
神戸大学企業立法研究会（2009）「信頼理論モデルによる株主主権パラダイムの再検討〔I〕」『旬刊商事法務』1866, pp. 4–10.
國部克彦（1994）『アメリカ経営分析発達史』白桃書房.
國部克彦（1999）『社会と環境の会計学』中央経済社.
國部克彦（2011）「環境経営意思決定と会計システムの意義」國部克彦編著『環境経営意思決定を支援する会計システム』中央経済社，所収，pp. 1–26.
國部克彦（2014）「社会環境会計と公共性――新しい会計学のディシプリン」『国民経済雑誌』210(1), pp. 1–24.
國部克彦（2015a）「複数評価原理の会計学と公共性――価値多様化と管理会計の役割」『會計』187(2), pp. 29–40.
國部克彦（2015b）「公共哲学からの会計学批判と会計学からの返答」『商学集志』84(3･4), pp. 89–102.
國部克彦（2016a）「統合報告時代のアカウンタビリティ」『国民経済雑誌』213(5), pp. 93–115.
國部克彦（2016b）「統合報告と多元主義の間」『日本知的資産経営学会誌』2, pp. 3–16.
國部克彦（2017a）「計算が創る市場・組織・社会」國部克彦・澤邉紀生・松嶋登編『計算と経営実践――経営学と会計学の邂逅』有斐閣，所収，pp. 17–42.
國部克彦（2017b）「会計と正義――近くて遠い関係」『税経通信』72(7), pp. 149–155.
國部克彦・伊坪徳宏・水口剛（2012）『環境経営・会計（第 2 版）』有斐閣.
國部克彦・澤邉紀生・松嶋登編（2017）『計算と経営実践――経営学と会計学の邂逅』有斐閣.
ゴルツ，アンドレ（1988/1997）『労働のメタモルフォーズ 働くことの意味を求めて――経済的理性批判』（真下俊樹訳）緑風出版.
コント-スポンヴィル，アンドレ（2004/2006）『資本主義に徳はあるか』（小須田健・C. カンタン訳）紀伊國屋書店.
斎藤静樹（2013）『会計基準の研究（増補改訂版）』中央経済社.

澤邉紀生（2017）「勘定と感情——会計実践における目的志向性と感情性」國部克彦・澤邉紀生・松嶋登編『計算と経営実践——経営学と会計学の邂逅』有斐閣，所収，pp. 43–61.
謝江龍（2016a）「MFCA の国際的普及（1）——アジア諸国の比較研究」『六甲台論集 経営学編』63(2), pp. 107–126.
謝江龍（2016b）「MFCA の国際的普及（2）——アジア諸国の比較研究」『六甲台論集 経営学編』63(3), pp. 65–80.
鈴木竜太（2013）『関わりあう職場のマネジメント』有斐閣.
スミス，アダム（1759/2003）『道徳感情論』上・下（水田洋訳）岩波書店.
ソシュール，フェルディナン・ド（1910–11/2007）『ソシュール一般言語学講義——コンスタンタンのノート』（影浦峡・田中久美子訳）東京大学出版会.
大黒弘慈（2015）『模倣と権力の経済学——貨幣の価値を変えよ〈思想史篇〉』岩波書店.
高寺貞男（1992）『会計と組織と社会——会計の内と外』三嶺書房.
瀧川裕英（2003）『責任の意味と制度——負担から応答へ』勁草書房.
谷武幸・小林啓孝・小倉昇責任編集（2010）『業績管理会計』中央経済社.
田村哲樹（2008）『熟議の理由——民主主義の政治理論』勁草書房.
辻厚生（1988）『管理会計発達史論（改訂増補）』有斐閣.
デュピュイ，ジャン–ピエール（2012/2013）『経済の未来——世界をその幻惑から解くために』（森本庸介訳）以文社.
デリダ，ジャック（1967/2013）『エクリチュールと差異（新訳）』（合田正人・谷口博史訳）法政大学出版局.
デリダ，ジャック（1989/1996）「『正しく食べなくてはならない』あるいは主体の計算——ジャン＝リュック・ナンシーとの対話」（鵜飼哲訳），ジャン–リュック・ナンシー編『主体の後に誰が来るのか？』現代企画室，所収，pp. 146–184.
デリダ，ジャック（1992/1995）「『価格なきもの』について，あるいは商取引における『適正価格』」（谷口博史訳）『現代思想』23(9), pp. 99–113.
デリダ，ジャック（1997/1999）『歓待について——パリのゼミナールの記録』（廣瀬浩司訳）産業図書.
デリダ，ジャック（1999/2004）『死を与える』（廣瀬浩司・林好雄訳）筑摩書房.
デリダ，ジャック（2003/2009）『ならず者たち』（鵜飼哲・高橋哲哉訳）みすず書房.

デリダ，ジャック＝ナンシー，ジャン-リュック（2004/2006）「責任——来るべき意味について（下）」（西山雄二・柿並良佑訳）『水声通信』11，pp. 6–21.
ドゥルーズ，ジル（1953/2010）「本能と制度」（加賀野井秀一訳），ジル・ドゥルーズ編著『哲学の教科書——ドゥルーズ初期』河出書房新社，所収，pp. 75–81.
中川理（2009）「不確実性のゆくえ——フランスにおける連帯経済の事例を通して」『文化人類学』73(4), pp. 586–609.
中澤優介（2016）「会計をめぐるアカウンタビリティの構築と脱構築——暴力批判の観点から」『商学研究』（愛知学院大学）57(1), pp. 27–46.
中澤優介・尻無濱芳崇・北田晧嗣（2014）「アカウンタビリティが開かれるとき——一関市国保藤沢病院の事例に見るアクターの複数性」『国民経済雑誌』210(1), pp. 101–119.
中嶌道靖・國部克彦（2008）『マテリアルフローコスト会計（第2版）』日本経済新聞出版社.
ナンシー，ジャン-リュック（1996/2005）『複数にして単数の存在』（加藤恵介訳）松籟社.
ナンシー，ジャン-リュック（2008/2012）「民主主義の実相」『フクシマの後で——破局・技術・民主主義』（渡名喜庸哲訳）以文社，所収，pp. 113–168.
野矢茂樹（2006）『ウィトゲンシュタイン「論理哲学論考」を読む』筑摩書房.
畠田公明（2014）『会社の目的と取締役の義務・責任——CSR をめぐる法的考察』中央経済社.
ハーバーマス，ユルゲン（1980/2000）『近代——未完のプロジェクト』（三島憲一編訳）岩波書店.
ハーバーマス，ユルゲン（1992/2002–03）『事実性と妥当性——法と民主的法治国家の討議理論にかんする研究』上・下（河上倫逸・耳野健二訳）未來社.
東田明・國部克彦（2014）「企業経営における環境と経済の統合と離反——MFCA の導入事例を通して」『国民経済雑誌』210(1), pp. 87–100.
東田明・國部克彦・篠原阿紀（2017）「可視性の創造と変容——マテリアルフローコスト会計実践の時系列分析」國部克彦・澤邉紀生・松嶋登編『計算と経営実践——経営学と会計学の邂逅』有斐閣，所収，pp. 117–136.

フーコー，ミシェル（1975/1977）『監獄の誕生――監視と処罰』（田村俶訳）新潮社.
フーコー，ミシェル（1994/2000）『ミシェル・フーコー思考集成Ⅵ セクシュアリテ／真理――1976–1977』（小林康夫・石田英敬・松浦寿輝編集）筑摩書房.
フーコー，ミシェル（2004/2008）『ミシェル・フーコー講義集成 8 生政治の誕生――コレージュ・ド・フランス講義 1978–1979 年度』（慎改康之訳）筑摩書房.
堀口真司（2012）「アカウンタビリティをめぐる攻防」『Business Insight』20(1), pp. 80–84.
堀口真司（2013）「『環境会計』と公共性論の展開――ステイクホルダー・エンゲージメントを事例として」國部克彦編著『社会環境情報ディスクロージャーの展開』中央経済社，所収，pp. 197–219.
堀口真司（2014）「フーコディアン会計研究の視座」『国民経済雑誌』210(1), pp. 25–42.
堀口真司（2016）「人類学における M. パワーの影響」『国民経済雑誌』214(4), pp. 49–64.
ボルタンスキー，リュック＝テヴノー，ローラン（1991/2007）『正当化の理論――偉大さのエコノミー』（三浦直希訳）新曜社.
増子和起（2013）「証言と抵抗のアカウンタビリティ」『六甲台論集 経営学編』60(1), pp. 59–83.
増子和起（2014）「アカウンタビリティの脱構築――自己と他者の視点から」『六甲台論集 経営学編』61(1), pp. 35–57.
松本三和夫（2016）『科学社会学の理論』講談社.
三浦直希（2002）「50 年代のレヴィナスにおける『エコノミー』」『人文学報（フランス文学）』（首都大学東京機関リポジトリ）333, pp. 57–74.
三浦直希（2005）「倫理と経済――セン，レヴィナス研究のための序説」『人文学報（フランス文学）』（首都大学東京機関リポジトリ）366, pp. 25–48.
水口剛（2013）『責任ある投資――資金の流れで未来を変える』岩波書店.
森田敦郎（2009）「『アカウンタビリティ』と目に見える世界の探求」『文化人類学』73(4), pp. 499–509.
山上達人（1984）『付加価値会計の研究』有斐閣.
山本清（2013）『アカウンタビリティを考える――どうして「説明責任」になったのか』NTT 出版.

山脇直司・金泰昌編（2006）『公共哲学 18　組織・経営から考える公共性』東京大学出版会.
吉田寛（1978）『社会責任――会計学的考察』国元書房.
吉永和加（2016）『〈他者〉の逆説――レヴィナスとデリダの狭き道』ナカニシヤ出版.
リクール，ポール（1995/2007）『正義をこえて――公正の探求 1』（久米博訳）法政大学出版局.
リクール，ポール（2008/2014）『愛と正義』（久米博・小野文・小林玲子訳）新教出版社.
ルソー，ジャン-ジャック（1762/2008）『社会契約論／ジュネーヴ草稿』（中山元訳）光文社.
ルーマン，ニクラス（1986/2007）『エコロジーのコミュニケーション――現代社会はエコロジーの危機に対応できるか？』（庄司信訳）新泉社.
レヴィナス，エマニュエル（1954/1999）「自我と全体性」『レヴィナス・コレクション』（合田正人編訳）筑摩書房，所収，pp. 385–433.
レヴィナス，エマニュエル（1961/2005–06）『全体性と無限』上・下（熊野純彦訳）岩波書店.
レヴィナス，エマニュエル（1974/1999）『存在の彼方へ』（合田正人訳）講談社.
レヴィナス，エマニュエル（1982/2010）『倫理と無限――フィリップ・ネモとの対話』（西山雄二訳）筑摩書房.
レヴィナス，エマニュエル（1997/2003）『貨幣の哲学』（合田正人・三浦直希訳）法政大学出版局.
渡部亮（2005）「エクイティと受託者責任の歴史的本質（第 3 回）――株主の信託に応える経営者は trustee か fiduciary か」『FUND MANAMENT』2005(春季), pp. 38–45.

著者紹介

國部　克彦（こくぶ・かつひこ）

大阪市立大学大学院経営学研究科博士課程修了。博士（経営学）。大阪市立大学助教授，神戸大学助教授等を経て，2001年神戸大学大学院経営学研究科教授。現在に至る。専門は，社会環境会計，経営倫理。

主要著作に，『社会と環境の会計学』（中央経済社，1999年），『計算と経営実践』（共編，有斐閣，2017年），『CSRの基礎』（共編著，中央経済社，2017年），『マテリアルフローコスト会計の理論と実践』（共編著，同文舘出版，2018年），『創発型責任経営』（共著，日本経済新聞出版社，2019年），『価値創造の考え方』（共編，日本評論社，2021年），『価値創造の教育』（共編，神戸大学出版会，2021年），『ワクチンの境界』（アメージング出版，2022年）などがある。

アカウンタビリティから経営倫理へ
——経済を超えるために
Beyond Accountability toward Management Ethics

2017年12月10日　初版第1刷発行
2023年 3 月15日　初版第2刷発行

著　者　國部克彦
発行者　江草貞治
発行所　株式会社 有斐閣
郵便番号　101-0051
東京都千代田区神田神保町2-17
https://www.yuhikaku.co.jp/

印刷　株式会社理想社／製本　牧製本印刷株式会社

ISBN 978-4-641-16513-7